DO
INVISÍVEL
AO
INESQUECÍVEL

Abraça na sua vida!

Abração do DalBosco!

CARO(A) LEITOR(A),
Queremos saber sua opinião
sobre nossos livros.
Após a leitura, siga-nos no
linkedin.com/company/editora-gente,
no TikTok **@editoragente**
e no Instagram **@editoragente**,
e visite-nos no site
www.editoragente.com.br.
Cadastre-se e contribua com
sugestões, críticas ou elogios.

RICARDO DALBOSCO

DO INVISÍVEL AO INESQUECÍVEL

Como construir uma marca pessoal de sucesso, ser admirado pelo mercado e transformar a sua carreira

Diretora
Rosely Boschini

Gerente Editorial
Rosângela de Araujo Pinheiro Barbosa

Editora Sênior
Audrya Oliveira

Assistente Editorial
Mariá Moritz Tomazoni

Produção Gráfica
Leandro Kulaif

Edição de Texto
Amanda Oliveira

Preparação
Marina Montrezol

Capa
Thiago de Barros

Projeto Gráfico
Marcia Nickel

Adaptação e Diagramação
Diego Lima

Revisão
Wélida Muniz

Impressão
Assahi

Copyright © 2024 by Ricardo Dalbosco
Todos os direitos desta edição
são reservados à Editora Gente.
Rua Natingui, 379 – Vila Madalena
São Paulo, SP – CEP 05443-000
Telefone: (11) 3670-2500
Site: www.editoragente.com.br
E-mail: gente@editoragente.com.br

Dados Internacionais de Catalogação na Publicação (CIP)
Angélica Ilacqua CRB-8/7057

Dalbosco, Ricardo
　　Do invisível ao inesquecível : como construir uma marca pessoal de sucesso, ser admirado pelo mercado e transformar a sua carreira / Ricardo Dalbosco. - São Paulo : Autoridade, 2024.
　　160 p.

ISBN 978-65-6107-009-6

1. Marketing pessoal 2. Desenvolvimento profissional 2. Desenvolvimento pessoal I. Título

24-1859　　　　　　　　　　　　　　　　　　　　　　　　　CDD 658.3

Índices para catálogo sistemático:
　　1. Marketing pessoal

NOTA DA PUBLISHER

Quando pensamos na evolução da tecnologia, nos deparamos com a certeza de que a parede entre a nossa atuação profissional e a nossa imagem é completamente invisível, ou seja, estamos completamente expostos, sendo vistos, ouvidos e interpretados a todo momento. Diante disso, fica a dúvida: será que estamos entregando a imagem que queremos que o mercado tenha de nós?

Neste livro, Ricardo Dalbosco, referência no Brasil em marca pessoal e palestrante internacional, vai nos mostrar como o sucesso profissional está atrelado ao que as pessoas veem e pensam de nós. Com isso, você pode trilhar dois caminhos: ser um profissional de alto valor, que gera resultados, entrega confiança e se mostra genui-namente capacitado, ou seguir na mediocridade.

Diante desse desafio, nestas páginas você aprenderá a cultivar uma marca pessoal forte e, principalmente, autêntica, que o ajudará a sair do papel de passividade em sua caminhada profissional para assumir uma posição de destaque e muito sucesso.

Através de insights e estratégias práticas, você fará nesta leitura uma jornada para construir um legado significativo, que impacta verdadeiramente as pessoas e entrega resultados maravilhosos, deixando a sua marca por onde passar. *Do invisível ao inesquecível* é um convite para a autodescoberta e o aprimoramento, prometendo não apenas transformar a imagem que projetamos, mas também a forma como nos relacionamos com o mundo ao nosso redor. Que esta obra inspire e capacite você a alcançar novos patamares de sucesso.

Boa leitura!

ROSELY BOSCHINI
CEO e Publisher da Editora Gente

DEDICATÓRIA

Dedico esta obra aos que foram contra o meu progresso e aos que têm a inveja impotente como marca pessoal. Que continuem à margem do nosso caminho, meu e dos meus leitores, para que possamos passar com ainda mais brilho e vigor pela estrada do sucesso. Lembre-se: prefira que tenham inveja a pena de você.

Avante.

AGRADECIMENTOS

Muitas pessoas querem saber os seus medos para jogar em você as próprias frustrações. Por causa dessas pessoas, você se limita em avançar na sua marca pessoal e não assume o protagonismo da própria vida. Mas por que eu trago isso aqui, na sessão de agradecimentos? Bom, por dois motivos principais.

O primeiro é que todas as pessoas que tentaram "puxar o meu tapete" nesta trajetória acabaram me fortalecendo. Agradeço-lhes, pois elas também são parte da motivação para escrever esta obra, por terem contribuído em uma construção de antifragilidade. Isso me permitiu me autoconhecer. E autoconhecer-se vem, em parte, do entendimento de como você reage às situações de ameaças e pressões na sua vida.

Em segundo lugar, cito as pessoas que fizeram o inverso: fortaleceram minha marca pessoal para que eu pudesse continuar minha missão com ainda mais clareza, apoio e vivacidade nesta jornada de anos, inspirando e transformando vidas por meio de palestras, mentorias corporativas e individuais, livros e treinamentos.

Começo agradecendo eternamente à minha família. Os ensinamentos desta obra só chegaram à possibilidade de geração de valor a você porque esse *"drive"* vem, em parte, do meu berço. Minha família foi a responsável por formatar meus valores humanos inegociáveis, e a ela dedico esta construção, que deixará um legado também aos leitores.

Deixo o meu agradecimento especial à minha companheira, Andry Pedroso. Ao escolhermos um ao outro, iniciamos uma jornada de incentivo mútuo, buscando sempre expandir o nosso universo de possibilidades em função do amor e da sabedoria da outra pessoa.

À extraordinária Ju Fernandez (líder do canal SoulJu, no YouTube), fiel à nossa missão e aos nossos negócios, por toda a dedicação, amizade e atitude ao buscarmos em conjunto transformações, impactos e resultados ainda maiores nos mercados em que atuamos. Sempre pensei da seguinte forma: *Por que ter sucesso sozinho, se posso ter esse êxito com a Ju nesta jornada?* Escolha certa!

Aos "Pedrosos", por toda a dedicação à união familiar, pelo apoio, pela recepção e pelo acolhimento que sempre me proporcionaram!

Este livro também foi escrito como um legado aos meus afilhados, Emanuel e Lucas, os quais me inspiram a ser luz e que me fazem tentar ser um exemplo para eles.

A todos os meus mentorados e minhas mentoradas pelo mundo, os quais representam incontáveis cases de sucesso por meio de suas marcas pessoais. Vocês geraram mudanças positivas não apenas nas suas carreiras, mas abriram possibilidades pessoais e aumento de qualidade de vida às suas famílias em função dos resultados inesquecíveis. Um agradecimento especial àqueles que se dedicaram a contar seus cases de sucesso neste livro: nosso contato transcende a relação comercial, vocês são pessoas que posso chamar de amigas inquietas. Estamos juntos nesta jornada chamada vida e na elevação da consciência de uma legião que acredita na transformação de dentro para fora!

Agora, o meu obrigado a quem materializou esta obra: o timaço da Editora Gente. Em especial, Rosely Boschini, Roberto Shinyashiki, Audrya Oliveira, Fabrício Batista e as várias feras da equipe.

Claudemir Oliveira, Juliana Oliveira, Fabio Antununcio, Silvia, Dany, vocês foram achados preciosos durante esta jornada. Gratidão, e continuem firmes em suas missões!

A todos os meus amigos "malucos" que ajudaram nas mais diversas ações de marketing no pré-lançamento: quando um louco encontra outro, ou gera desordem ou os resultados são extraordinários. Conquistei a segunda opção (risos). Eles são parte do bando de loucos que, remando em união, harmonia e sincronia, permitiu que você, leitor, nos acompanhasse nesta navegação, tornando-se agora mais um(a) "louco(a)" que se une a nós.

E, claro, meu agradecimento e parabéns a você, leitor, que transformou coragem em atitude para se tornar inesquecível; não apenas em um plano de carreira, mas criando um plano de vida em que a sua marca pessoal é o grande farol. Vamos juntos daqui para a frente, com muita luz nesta jornada de sucesso que registra o seu nome como verdadeiro autor desta história.

*A única coisa na qual não dá para você
ser minimalista é no amor-próprio.*

SUMÁRIO

PREFÁCIO 14

INTRODUÇÃO: A tal da pergunta ridícula 16

CAPÍTULO 1: Finitude da vida 24

CAPÍTULO 2: O roteiro da sua vida foi criado por quem? 38

CAPÍTULO 3: Você é melhor do que pensa 50

CAPÍTULO 4: Além das *hard skills* e *soft skills* 66

CAPÍTULO 5: Construa a sua marca pessoal 83

CAPÍTULO 6: Olhar para dentro — consciência de marca 101

CAPÍTULO 7: Olhar para fora — estratégia de marca 117

CAPÍTULO 8: Matriz PCDOGS 128

CAPÍTULO 9: Sua marca, seu legado 142

CAPÍTULO 10: Seja a sua versão inesquecível 151

PREFÁCIO

Ao longo da minha carreira, ganhei o apelido de "Mão Santa". É um apelido lindo, sem sombra de dúvidas. É forte; icônico. Não gostar dele seria um verdadeiro absurdo, e eu sei disso. Mas, sendo bastante sincero, ele não reflete a realidade.

A minha mão não é, nem nunca foi, "santa". Ela é treinada, e muito bem treinada, diga-se de passagem. Faço questão de fazer essa brincadeira em todas as entrevistas que dou, porque se tem uma coisa que não admito é que as pessoas pensem que a "sorte", o "talento" ou mesmo o "dom" são os fatores mais importantes para o sucesso.

Sim, eles até podem ter certo papel na carreira de alguém, mas, na hora da verdade, o que vai ser determinante é quanto esforço você colocou naquilo que está fazendo; afinal de contas, não existe talento sem treinamento.

E digo mais: treinamento sem disciplina não serve de nada.

Não adianta absolutamente nada você se matar de treinar na segunda e na terça-feira, e depois não fazer mais nada na quarta, na quinta e na sexta-feira. É preciso constância, organização e perseverança para vencer.

Na minha vida, eu sempre batalhei contra o impossível. Quando eu era jovem, me disseram que eu nunca mais ia poder jogar basquete por conta de uma lesão grave. Se eu tivesse ouvido aqueles que me falaram isso, a minha vida teria sido muito diferente, pode ter certeza disso.

Mas eu sempre tive confiança na minha capacidade. Eu sabia o quanto estava disposto a trabalhar e, por isso, não me importava de ir contra a opinião alheia para construir o futuro que eu sonhava para mim e deixar na história a marca que eu sabia que era capaz de deixar.

O livro que você tem em mãos é um exemplo excelente dessa mentalidade. Nele, você vai encontrar dicas valiosas e histórias inspiradoras que lhe mostram o quanto esses valores que eu mencionei são importantes na hora de construir um nome que represente não uma pessoa em si, mas um ideal; um símbolo daquilo que é possível, ou seja, algo em que as pessoas possam se espelhar e se inspirar.

OSCAR SCHIMIDT, um dos maiores jogadores de basquete de todos os tempos, campeão mundial e palestrante.

INTRODUÇÃO: A TAL DA PERGUNTA RIDÍCULA

"Onde você quer estar em cinco anos?"

Garanto que você já ouviu essa pergunta antes e passou bons minutos tentando respondê-la. Mas nem vou fazer com que perca seu tempo, porque aqui você não vai precisar respondê-la. E por um motivo muito simples: eu a considero uma das perguntas mais ridículas que conheço. É isso mesmo. Desculpem-me os recrutadores de recursos humanos e headhunters que adoram fazê-la nos processos seletivos, mas não dá mais para viver pensando no que quer conquistar para a empresa em que trabalha ou no que quer construir na vida pessoal daqui tantos anos, sem se preocupar com o que você quer para si mesmo agora. Aliás, se há uma certeza, é que quem faz essa pergunta não tem a mínima noção de onde estará em cinco anos, ainda mais no mundo BANI e VUCA em que vivemos.

VUCA é a abreviação do inglês para as palavras volatilidade (*volatility*), incerteza (*uncertainty*), complexidade (*complexity*) e ambiguidade (*ambiguity*), e é utilizada para explicar as mudanças rápidas e complexas que acontecem no mercado. Já BANI vem de frágil (*brittle*), ansioso (*anxious*), não linear (*nonlinear*) e incompreensível (*incomprehensible*), e explica os paradigmas da sociedade atual e como isso é desafiador para todos nós. Se muitos profissionais de RH não têm noção das mudanças que estão por vir, que dirá o entrevistado para a vaga. Acrescente a isso o panorama em que, em média, os colaboradores não ficam nem dois anos dentro de uma empresa no Brasil.

Querer viver em busca do que o futuro poderá lhe dar é viver em um mundo de completa ilusão. É neste ritmo: quando você se aposentar, vai fazer a viagem dos seus sonhos. Quando as crianças crescerem, vai conseguir investir mais em si mesmo e ter tempo. Quando alcançar a posição de CEO, será alguém de sucesso. Ora, se nós temos o agora, nada melhor do que usar esse tempo da melhor maneira possível, para já construir esse futuro e deixar para a posteridade algo além de bens materiais. Precisamos dar um significado maior para a nossa vida, fazendo algo que gere valor para nós mesmos e para o mundo ao redor, pois isso é indestrutível comparado a qualquer bem material que inevitavelmente se despedaçará. Um dos caminhos para alcançar esse objetivo é construir uma marca pessoal forte desde já, pois ela dá condição de escolher a própria vida, e não apenas cair no trilho de alguém.

Aliás, você sabe o que é uma marca pessoal? Você vai entender ao longo desta leitura, mas antes preciso me apresentar.

Bom, eu sou Ricardo Dalbosco, palestrante internacional, estrategista referência no Brasil quando o assunto é marca pessoal, conselheiro consultivo e de administração em empresas, *consigliere*[1] pessoal de empresários e colunista em diversas mídias. Durante muitos anos, tive uma carreira típica de quem nasceu entre as décadas de 1940 e 1990, as chamadas gerações *baby boomers*, X e Y. Fui educado – ou "doutrinado", como queiram – a acreditar que ser uma pessoa de sucesso significava ter um bom emprego, construir

---

[1] *Consigliere* é o termo italiano para conselheiro. (N. E.)

uma carreira por vinte, trinta anos na mesma empresa; comprar um carro; adquirir uma casa financiada; casar; filhos; um cachorro com pedigree saltitando no quintal, como naquelas cenas de propaganda de margarina etc. Batalharia para ter a aprovação social baseada nessa vida que eu apresentaria para a sociedade e, mais tarde, receberia meus netos na casa de praia ou no sítio, para todos juntos posarem para aquela foto de Natal da família que, em duas gerações, ninguém mais lembra quem é aquele senhor enrugado no canto. Ou você se lembra do nome de todos os seus bisavós?

Disseram-me também que eu seria feliz após os meus 65 anos, quando, finalmente, eu me aposentadoria depois de décadas de serviço prestado a uma companhia. Com esse *storytelling* que colocaram na minha cabeça e induziram a ser a minha narrativa de vida, fui funcionário público, estudei em universidades que são referência no país, arrumei emprego, fui promovido, cheguei ao topo da minha área como C-level de multinacional... e mais o quê? Mais nada. O meu propósito era pagar o boleto do próximo mês e ser rico – no sentido de riqueza absoluta, acumulando o máximo de dinheiro para levar ao caixão que não tem gaveta; e não riqueza relativa, considerando o que realmente importa em ter em abundância no agora. Nada além disso.

Eu poderia ter tido exatamente essa vida, mas esse roteiro que me disseram ser sinônimo de sucesso, me incomodava muito. A vida não poderia ser só isso. Eu queria ser alguém que transbordava energia positiva, e não a escassez. Eu queria ter de fato uma identidade pessoal além daquela apresentada no cartão corporativo: *Ricardo Dalbosco, CEO da empresa X ou Y.*

Não é possível que a gente viva a tríade 40-40-40 (trabalho de, no mínimo, 40 horas semanais, por 40 anos e se aposentando com

40% do salário) e ache que a tal vida de sucesso seja isso. Ainda mais porque sabe o que acontece depois? A gente morre e vira só uma lembrança naquela foto do Natal, já que a finitude é a única certeza. Ora, se esse é o nosso fim, por que passamos tanto tempo nos dedicando a construir um personagem que se adeque à sociedade, e não olhamos para nós mesmos? Por que preferimos deixar o nosso conhecimento, o nosso valor, a nossa imagem – tudo aquilo que temos de mais precioso – para a empresa em que trabalhamos, e não usamos isso para nos posicionar como uma marca que tem autoridade moral no mercado e que é capaz de transformar a nossa vida ao construir um legado para ser lembrado pela eternidade?

Perceba que passamos a vida terceirizando nossas próprias incompetências. A culpa sempre é do outro: dos pais, do gestor na empresa, das crenças limitantes, dos bloqueios mentais que nós mesmos criamos, mas ninguém assume que a vida não é bem-sucedida, em termos de propósito e no eixo econômico, porque não criamos uma marca pessoal forte que seja desejada e nos dê a liberdade de escolha.

Eu também passei por isso e me ferrei muito até compreender o significado maior da vida que eu queria ter. Morar três anos em Angola, na África, com energia elétrica na base do gerador e água potável com caminhão-pipa, logo após a Guerra Civil, vendo pessoas mortas frequentemente e sofrendo ameaças à minha vida – ao longo do livro contarei melhor essa passagem, para você refletir sobre a sua missão daqui para a frente – me fez revisitar a minha própria história para descobrir o que era a felicidade. Buscar a consciência de que poderia mudar aquela trajetória que desenharam para mim me fez desenvolver um perfil ainda mais agregador e que pudesse gerar valor às pessoas das quais eu queria me aproximar.

Dessa maneira, há anos venho trabalhando com profissionais de diferentes áreas a respeito da importância de criar uma marca pessoal forte, de maneira que eles tenham uma vida com mais significado, reconhecimento, admiração e, claro, prosperidade – porque depois que você aprende a se posicionar dessa maneira, poderá aplicar sua marca pessoal das mais variadas formas. Seja para se tornar mais atrativo para um *headhunter* na busca por uma nova colocação, para ser mais respeitado na empresa em que trabalha, para assumir uma posição diferente dentro da companhia, aumentando o seu poder, para vender mais uma solução para um CNPJ que você represente, para empreender de maneira a vender mais seu próprio produto ou serviço, para colocar um projeto em pé etc., ter como base a sua marca pessoal como plataforma alavancadora o fará transmitir confiança e segurança a todos os *stakeholders* envolvidos nos seus negócios. Seja o que for preciso para levar você ao sucesso pleno – independentemente da sua definição de sucesso –, o que importa é que, ao fim desse processo, você assuma o protagonismo da sua vida.

Quando a Andryely Pedroso[2] (primeira Linkedin Top Voice na área dela no Brasil) me procurou para uma mentoria, ela ainda não tinha terminado a faculdade, mas já sabia que não queria fazer parte da maioria de profissionais da sua área que vive uma rotina estressante no escritório: instabilidade financeira constante e muitas horas de trabalho. Por que ela deveria se curvar a essa realidade? Tinha que existir algo para fazer além, algo que a satisfizesse e que gerasse valor para outras pessoas. Trabalhando a sua marca pessoal, ela não deixou sua área de formação de lado, mas

---

[2] Andryely Pedroso em entrevista concedida ao autor.

ressignificou a carreira, tornando-se palestrante referência em *biohacking*, mentora de profissionais da área da saúde e escritora, além de ter um quadro exclusivo em um programa televisivo e contrato com grandes marcas como embaixadora.

Ela se tornou referência em sua área, e a marca pessoal forte trouxe um direcionamento de carreira muito mais ligado ao seu propósito de vida e aos seus valores pessoais, permitindo inclusive que ela escolhesse os clientes e parceiros comerciais com quem gostaria de trabalhar. E mais: ela ganhou liberdade de escolher onde e quando trabalhar, organizando a agenda de acordo com as suas prioridades de vida (inclusive, neste momento em que escrevo, ela está morando um tempo no Vale do Silício, na Califórnia). Aliás, esse é um benefício que eu também atingi quando me posicionei como uma marca forte. Tanto que este livro foi escrito enquanto me deslocava entre vários países. A liberdade geográfica permitiu que cada capítulo, praticamente, fosse escrito em uma cidade diferente mundo afora, onde eu estava morando ou fazendo alguma pesquisa para levar aos palcos de eventos no Brasil informações em detalhes. Para mostrar este meu processo, ao longo do livro vou mostrando onde eu estava no momento da escrita.

Criar uma marca forte permitiu que a Andryely encontrasse o seu propósito de vida, algo que só ela está habilitada a fazer, por ser única. E é isso que você aprenderá nas próximas páginas, assim entenderá a importância de se posicionar agora, de criar autoridade moral e de ser feliz já, enquanto organiza o futuro para que chegue do seu jeito.

Afinal, o que você veio fazer neste mundo? Você recebeu a oportunidade de nascer humano, então pode fazer algo significativo com a sua vida, para não se tornar mais um escravo da própria natureza como os outros animais (programados e limitados a atividades repetitivas sem grandes desvios da rota da sobrevivência). A vida acaba, e o que você fez dela enquanto esteve aqui? Trago essa provocação porque a única maneira de continuar vivo, mesmo estando morto, é abraçar a eternidade por meio da construção de um legado e deixar a sua marca pessoal neste mundo.

Ao terminar este livro, você não pensará mais em responder "Onde você quer estar em cinco anos?", mas terá a resposta para "Como quer gerar valor para a sua vida e para o mundo nos próximos cinco anos?". E ainda: "Qual é o seu plano de vida, além de ter apenas o tal plano de carreira?" e "Como vai fazer valer a pena a vida que tem?".

O futuro não existe. Ele é um bônus que lhe é dado se um deus lhe permitir, seja qual for a sua crença ou religião.

SE O PASSADO É UMA LEMBRANÇA E O FUTURO NÃO EXISTE, ENTÃO O QUE SE TEM É O AGORA. POR ISSO VOCÊ DEVE ESTAR 100% PRESENTE NO AGORA.

Venha comigo, que esta será uma viagem profunda, às vezes perturbadora, mas sempre transformadora e inesquecível.

CAPÍTULO 1: FINITUDE DA VIDA

Tóquio (Japão)

> Quando se vê, chegou Carnaval
> Quando se vê, chegou Páscoa
> Quando se vê, chegou Natal
> Quando se vê, os filhos cresceram
> Quando se vê, não se vê por onde andam os amigos
> Quando se vê, chegamos aos 75

E o que acontece aos 75 anos? Provavelmente, você morrerá ou estará bem perto de dar adeus a esta vida. Essa é a expectativa de vida do brasileiro, segundo os cálculos de 2022 do Instituto Brasileiro de Geografia e Estatística (IBGE).[3] Pegue a sua idade e subtraia do número 75. Quanto tempo lhe sobrou? Talvez dez, vinte, trinta anos. Agora me diga com sinceridade, o que você vai fazer até lá? O que vai fazer para se tornar inesquecível? O que está fazendo para que as pessoas se lembrem de você por gerações e gerações?

---

[3] ESTATÍSTICAS sociais. Em 2022, expectativa de vida era de 75,5 anos, **Agência IBGE Notícias**, 29 nov. 2023. Disponível em: https://agenciadenoticias.ibge.gov.br/agencia-sala-de-imprensa/2013-agencia-de-noticias/releases/38455-em--2022-expectativa-de-vida-era-de-75-5-anos. Acesso em: 18 abr. 2024.

Claro que eu desejo que você viva até seus 100 anos, mas e se você não tiver esse bônus? Quem quer arriscar para ver e ser feliz apenas ao final da vida ou após a aposentadoria?

"AH, DALBOSCO, MAS EU TENHO A MINHA FAMÍLIA, E ELES SEMPRE SE LEMBRARÃO DE MIM."

Será mesmo? Então, vou lhe propor um teste rápido:

- Diga o nome completo dos seus pais;
- Diga o nome completo dos seus avós paternos e maternos;
- Diga o nome completo dos seus bisavós;
- Diga o nome completo dos seus tataravós.

Será que você gabaritou todas as questões? Pela minha experiência – pois aplico esse teste em minhas palestras –, é provável que você só tenha conseguido dizer até a segunda geração anterior. A partir dos bisavós, poucas pessoas se lembram (talvez só aquela pessoa que foi a responsável da família pelo processo de cidadania europeia e teve que pegar todos os registros antigos…). O nome de todos os tataravós, então, é forçar a amizade, como dizem por aí, pois pouquíssimas pessoas vão conseguir responder. Já fiz palestras em que não havia uma pessoa na plateia que soubesse o nome dos tataravós.

Isso mostra que as chances de que em duas ou três gerações ninguém mais se lembre do seu nome são enormes. Até quando você vai ficar achando que, se continuar vivendo sem deixar uma marca neste mundo, alguém se lembrará de você alguns anos após a sua partida?

Ter a noção de finitude da vida, ou seja, de que um dia todos nós partiremos, faz com que passemos a enxergar a vida de outra maneira e nos permite rever prioridades. Hugo Oliveira é médico oncologista pediátrico e conhece como poucas pessoas a necessidade do agora, do hoje, não só pela sua profissão, mas pela própria experiência de vida. Diagnosticado com câncer na adolescência, ele aprendeu, desde os 14 anos, a nossa impotência frente à imprevisibilidade do amanhã.

> Passei a ter consciência do ciclo de finitude, respeitando o seu ciclo entre vida e morte, as minhas próprias fragilidades e vulnerabilidades, colocando o foco nas minhas escolhas, como decido viver. Penso e recomeço todos os dias com o foco em ter uma vida de qualidade, contribuindo com a humanidade. Quando chegar ao fim, posso dizer que a vida valeu a pena. Mesmo que o fim seja breve, quero desfrutar até o meu último fôlego.[4]

O depoimento do Hugo é emocionante e forte. Para uns, pode até ser um soco no estômago, mas mostra a importância de aproveitar cada minuto para fazer a vida valer a pena. Como diz o pensador Clóvis de Barros Filho, "a vida vale a pena quando você torce para ela não acabar".[5] Ou, como diz Joel Jota no título

---

[4] Hugo Oliveira em entrevista concedida ao autor.
[5] FELICIDADE por Clóvis de Barros Filho. 2014. Vídeo (14min 37s). Publicado pelo canal Eliandro Veríssimo. Disponível em: https://www.youtube.com/watch?v=SKWzSWKFtBs. Acesso em: 18 abr. 2024.

de um dos seus livros de maior sucesso: "Esteja, viva, permaneça 100% presente"![6]

Mas se um dia a vida acaba, a única maneira de torcer para que a memória também não se apague é trabalhando na geração dos valores que serão repassados. O mundo só sentirá falta do que você fez. O resto é suposição que não passa de um sofrimento baseado naquilo que você não viveu. Visto por esse prisma, a finitude não é mais uma questão de aceitação, mas, sim, de sabedoria.

Você tem que saber para que veio a este mundo e entender que não precisa esperar o fim de semana, a aposentadoria, o crescimento dos filhos, a graduação deles na melhor faculdade ou a promoção ao cargo de CEO para ser feliz. A felicidade precisa estar presente durante a jornada da vida.

Seja se esforçando na empresa em que você escolheu trabalhar, ou dando uma palestra para uma plateia de oito pessoas (como já aconteceu comigo), ou encantando e gerando reflexões por meio de suas palavras em um palco para mil pessoas, ou dando uma mentoria que transformará outra vida, ou correndo no parque em uma manhã chuvosa, a decisão do que o faz feliz precisa vir juntamente de um estágio comportamental e de atitude pelo agora.

Felicidade é presente, nunca futuro, pois a única coisa real que se pode ter é o agora.

Eu ouço algumas pessoas falando que querem chegar aos 100 anos para terem o título de centenárias, alcançando, assim, a longevidade. Mas será que ser longevo é viver por muitos anos cronológicos ou viver de maneira a se tornar inesquecível? Qual dos dois é mais longevo: quem viveu muitos anos ou quem ficou por

---

[6] JOTA, J. **Esteja, viva, permaneça 100% presente**. São Paulo: Editora Gente, 2019.

FELICIDADE É PRESENTE, NUNCA FUTURO, POIS A ÚNICA COISA REAL QUE SE PODE TER É O AGORA.

DO INVISÍVEL AO INESQUECÍVEL
@ricardo.dalbosco

muitos anos na memória das pessoas? Do que adianta viver cem anos se em pouco tempo quase ninguém se lembrará de você? Pense em grandes escritores: Mário de Andrade, José de Alencar, Jorge Amado. Nenhum deles chegou aos 100 anos. Mário de Andrade, por exemplo, morreu aos 51. Mas todos são lembrados pelas obras que produziram. Eles souberam construir uma marca em vida pelo modo como marcaram as pessoas. Assim, por mais que eles tenham morrido há décadas, continuam vivos por meio de um legado.

"MAS, DALBOSCO, POR QUE VOCÊ ESTÁ FALANDO DE FINITUDE EM UM LIVRO QUE ABORDA MARCA PESSOAL E CARREIRA?"

Acredito que apenas com a consciência da finitude conseguimos dar sentido à vida. Existe, inclusive, um conto escocês muito conhecido que demonstra, de uma maneira bem fácil de entender, como a morte nos é necessária:

> Jack, um menino que tinha a mãe doente, um dia se depara com a Morte vindo em direção a sua casa. Ciente do que aquela visita lhe tiraria, o menino entra em uma luta corporal. A cada soco dado, a Morte ia ficando menor, até que o menino consegue espremê-la dentro de uma casca de avelã. A iminência de perder a mãe fez com que Jack entendesse o quanto precisava valorizá-la. Então, ao chegar em casa, se ofereceu para preparar o café da manhã. Porém, encontrou um problema: por mais que ele batesse os ovos

com força, eles não quebravam. Decidiu, então, preparar cenouras e, novamente, não conseguiu cortá-las. Decidido a agradar a mãe, foi até o açougue comprar salsichas, mas o açougueiro também não conseguiu cortá-las. Algo estranho estava acontecendo. É quando Jack se dá conta do que fez. Quando aprisionou a Morte, ele interrompeu o processo da vida em si. Não só para ele ou sua mãe, mas para todos. Ninguém mais morreria nem seria destruído. Ao lado da mãe, ele entende que sua atitude, apesar de corajosa, é errada, e libera a Morte da avelã, aceitando, enfim, o destino marcado para todos nós.[7]

Esse é um conto popular muito famoso que já virou até um livro infantil ilustrado e, embora sofra uma ou outra mudança ao longo do tempo, mantém a sua moral: a morte é parte inevitável da vida.[8]

Ou seja, mesmo que você não queira pensar e independentemente do quanto você negue, um dia não estará mais aqui. Ou, pelo menos, até que inventem uma fórmula da vida eterna, você se despedirá desta vida como todas as pessoas que já se foram.

Morremos um pouco a cada dia. Eu, por exemplo, faço os meus planos para os 75, de acordo com a expectativa do IBGE. Se viver além disso, vai ser lucro! Eu preciso ter o pé no chão e entender a

---

[7] SANTOS, P. Um conto sobre a morte e uma importante lição sobre a vida. **Vida Simples**, 21 out. 2023. Disponível em: https://vidasimples.co/colunista/um-conto-sobre-a-morte-e-uma-importante-licao-sobre-a-vida/. Acesso em: 18 abr. 2024.

[8] MADDERN, E. **Death in a Nut**. United Kingdom: Frances Lincoln Publishers, 2007.

minha finitude, assim aproveito o agora para me tornar uma marca inesquecível por meio do aumento da minha consciência e transformo outras vidas no caminho.

Lembre-se de que você chegou até aqui, a leitura desta obra, muito mais consciente do que pode ser e como pode agregar valor às pessoas. Voltar ao piloto automático, deixando que o sistema o controle, deixando que um CNPJ fique à frente do seu CPF, não pode ser mais opção. Ao tomar tal atitude, chegará a um ponto de não retorno na sua vida.

O VALOR DO TEMPO

Se você for analisar entrevistas com pacientes terminais, grande parte não se arrepende do que fez em vida, mas, sim, do que deixou de fazer e aproveitar. A pessoa se arrepende porque não pediu perdão para alguém, porque deixou de viajar para um lugar que desejava conhecer, porque não passou tempo suficiente com os filhos. Muitos se arrependem de não ter conseguido dar o máximo da sua condição humana enquanto foi possível. Se eles se autoconhecessem e soubessem o poder que sua marca pessoal tem para gerar mais valor para si e para os outros, provavelmente teriam feito uma outra história.

Foi a iminência da morte, o fato de que a vida poderia acabar a qualquer momento, que fez com que o Hugo, o médico e mentorado que passou por um câncer na adolescência, passasse a se enxergar de outra maneira.

> Hoje, olho para quem eu sou de modo integral, contemplando todos os aspectos do ser humano, investindo em mim. Quanto mais consciência tenho de quem sou, onde

estou e qual a minha missão, mais enxergo a minha potência para aumentar a contribuição com a humanidade. Quanto mais eu passo a me desenvolver, aumentando o meu valor, aumentando o meu senso de autoconhecimento, entendo que a minha marca pessoal pode ser mais ampla a partir do momento em que me rendo pela minha missão.

É uma questão de consciência e autoconhecimento, duas capacidades sábias que você já tem, pois tem se desenvolvido nelas por meio da ajuda desta obra.

Entender a finitude da vida expande a mente para captar outro conceito importante: o tempo. Se não ficaremos aqui para sempre, o tempo se torna um bem escasso. Eu costumo dizer que temos duas certezas na vida: a primeira é que o nosso tempo de vida é incerto; e a segunda é que o nosso tempo é limitado.

Agora, você, que está lendo este livro, me responda: o que vai fazer nos anos que lhe restam de vida, naquele número a que chegou quando fez a conta que pedi, logo no início deste capítulo? Se o tempo acaba, é urgente pensar e agir no que tem real valor para você daqui para a frente.

Não é de hoje que esse tema é pauta de pensadores, filósofos e até mesmo poetas. Para o filósofo alemão Edmund Husserl, o tempo é uma questão de percepção e consciência, e não a contagem feita pelo relógio. Assim, o tempo é definido pela maneira como percebemos as coisas ao nosso redor. Nessa concepção, o tempo, então, poderia ter divisões diferentes, e uma pessoa pode viver muito tempo em um momento mínimo ou nada em um

SE O TEMPO ACABA, É URGENTE PENSAR E AGIR NO QUE TEM REAL VALOR PARA VOCÊ DAQUI PARA A FRENTE.

DO INVISÍVEL AO INESQUECÍVEL
@ricardo.dalbosco

momento enorme.[9] A ideia de Husserl revela o quão precioso é o tempo, tanto que não pode ser medido nem pelo relógio. Ele é medido pela sua consciência. Nesse contexto, cabe a cada um de nós transformar o nosso tempo, o nosso agora, em algo extraordinário e impactante.

Já o poeta italiano Dante Alighieri coloca o tempo como algo tão poderoso que "perder tempo desagrada mais a quem conhece o seu valor".[10] Essa frase consegue transmitir duas verdades:

1. Se você não se conhece, o seu tempo, a sua energia e o seu dinheiro vão para ações nada eficazes na sua marca pessoal.
2. Quem toma o seu tempo além do devido quer mais extrair do que gerar valor.

Portanto, pense: a quem você tem dado o seu tão precioso tempo?

O tempo é a sua riqueza, talvez a única que você vai adquirir ao longo da vida, é o seu pote de ouro no fim do arco-íris. Mas, para essa riqueza realmente prosperar e se tornar algo que você aproveite, é preciso um planejamento estratégico dentro da consciência que você adquiriu.

Muitas pessoas se planejam para economizar dinheiro. Eu já fiz isso, e você, provavelmente, também. Mas quem já se planejou para economizar tempo?

"COMO ASSIM, DALBOSCO?"

---

[9] O TEMPO para os filósofos. **Clickideia**, 21 dez. 2009. Disponível em: https://www.clickideia.com.br/portal/conteudos/c/35/18455. Acesso em: 2 fev. 2024.

[10] FRASE do dia: Dante. **Revista VEJA**, São Paulo, 2 dez. 2021. Disponível em: https://veja.abril.com.br/coluna/pilulas-de-sabedoria/frase-do-dia-dante-2. Acesso em: 18 abr. 2024.

Ora, se o tempo é uma riqueza, nada mais justo que você o poupar também. Ou melhor, poupar e economizar não dá, pois ele continua a correr no agora, mas aproveitá-lo de maneira sábia deverá ser o seu diferencial daqui para a frente. Algo que eu aprendi em minha jornada profissional trabalhando pelo mundo e convivendo com as mais diversas culturas, as quais veem e lidam com o tempo das mais diversas formas, é que para encontrar aquele pote, que era a minha riqueza, eu não poderia dar a minha energia a algo que eu não poderia mudar. E, como prega o pensamento estoico, o que eu não posso mudar não pode me trazer ansiedade e aflição.

Assim, aprendi que eu não posso dar tempo a quem não me gera valor e não me eleva a um nível de consciência e atitude maior. Quem me consome e desgasta não me ajuda de maneira alguma a elevar outras pessoas às suas melhores versões, pois acaba com meu tempo e minha energia. Por isso, aprendi a não dar o tempo para quem não se dedica ao outro. Aprendi a não dar o tempo a quem não me eleva à minha própria excelência.

Portanto, tenha prioridades, pois são elas que ditarão os anos que restam na sua vida. Aproveite este tempo que você ainda tem, pois a única maneira de continuar vivo, mesmo estando morto, é gerando valor a ponto de continuar presente, memorável, impactante e marcante na cabeça das pessoas.

SEJA EXEMPLO PARA OS SEUS FILHOS, PARA A SUA FAMÍLIA, PARA OS SEUS COLEGAS DE TRABALHO, PARA OS SEUS SEGUIDORES NAS REDES SOCIAIS E PARA A SUA VERSÃO DE ONTEM.

Enfim, deixe uma contribuição realmente humana dentro do universo de cada uma dessas pessoas; pois, se o nosso tempo é finito, a história que construímos ao longo do tempo não é.

Então, viva a experiência de ser único, enquanto ainda estiver aqui!

CAPÍTULO 2:
O ROTEIRO DA SUA VIDA FOI CRIADO POR QUEM?

Manhattan, Nova York (EUA)

Emerson havia acordado cedo. O relógio nem marcava as seis horas da manhã, e ele já se levantara. A vontade era ficar mais uns minutos na cama, mas ele tinha uma agenda cheia para cumprir. Tomou um café rápido, vestiu a sua roupa esportiva, pegou as raquetes que comprou na última viagem ao exterior e foi correndo para o clube do condomínio onde mora. É ali que CEOs e outros executivos se encontram todas as manhãs para jogar algumas partidas de *beach tennis*. Mais do que praticar um esporte, ele sabe a importância de estar nesse ambiente. Isso significa estar por dentro das rodinhas das pessoas mais influentes do seu meio, fazer aquele networking, entende?

Voltou para casa rapidamente. Na entrada, seu cachorro de pelos caramelos e longos já o aguardava abanando o rabo. Mas Emerson estava atrasado e mal olhou para o animal. A esposa também tentou chamar a sua atenção, contando algo que aconteceu no dia anterior na escola das crianças, mas ele passou correndo e só disse: "Depois conversamos". O porta-retrato com a foto da família reunida na noite de Natal ele já nem enxergava mais. O registro virou só um enfeite no móvel da sala de estar para mostrar à visita como aquela família é "unida e feliz".

Emerson é aquele típico executivo dedicado à empresa em que trabalha. Sua carreira começou como trainee, e ele foi galgando cargos até chegar a CEO. Já são mais de vinte anos dedicados à empresa. O mercado inteiro o conhece; afinal, sua vida profissional é tão intensa que não existe mais uma vida pessoal. Ele virou o Emerson da empresa XYZ. Isso é motivo de orgulho, para ele e para os pais, que beiram os 75 anos. Foi assim que ele comprou a casa linda e confortável em que vive, pagou a escola dos filhos, proporcionou as viagens de férias da família para destinos no exterior – ainda que nem sempre pudesse acompanhá-los – e conquistou um status na sociedade.

Aos amigos, aqueles mesmos do *beach tennis*, ele exibe as metas batidas, os projetos colocados em ação e o faturamento alto da empresa, enquanto degusta aquele vinho caríssimo que trouxe da última viagem à Europa. É uma vida para ninguém colocar defeito mesmo.

No caminho para a empresa, no meio do trânsito caótico de todos os dias, Emerson começou a pensar na vida. De vez em quando, esses pensamentos o atormentavam. Sim, era assim que ele descreve os momentos de reflexão. Isso porque, por mais que tenha orgulho da vida que leva, ele se questiona se é isso mesmo que o faz feliz. Ele pensou nos pais que trabalharam duro para que fizesse uma faculdade de excelência, na família que construiu e no círculo de amigos que conquistou. Por um momento, se sentiu até ingrato. *Como posso questionar, se tenho tudo isso e se pareço ser feliz na perspectiva dos outros?* Um hiato tomou conta do seu peito, já que tinha tudo à volta, mas um vazio enorme interno. Essa sensação estava se tornando cada vez mais frequente. Sem entender o que sentia, ele tentava o mais rápido possível afastar esses pensamentos.

Finalmente, chegou à empresa. *Não há tempo para questionamentos tolos*, pensou ele. Um monte de reuniões o esperava. Assim, a vida seguia com aquele roteiro que parecia ter sido escrito por todas as pessoas ao redor do Emerson, menos por ele mesmo.

Emerson não existe, mas isso não o torna irreal. Na verdade, ele é um personagem que une histórias que eu escuto há muitos anos de pessoas que atendo nas minhas mentorias, assim como em depoimentos que escuto nas minhas palestras, que rodam o Brasil. A vida dele é um exemplo claro de como estamos vivendo no piloto automático e, por vezes, com uma espécie de coleira. Parece que ninguém mais se preocupa em olhar para dentro de si, pois o mais importante é parecer bonito para a sociedade, posar com a família "feliz" na festa de aniversário ou na foto do Natal, e exibir momentos no Instagram tão espetaculares que causem inveja e sejam bem diferentes da fotografia feia do RG. O protagonismo virou coadjuvante, enquanto a foto "feliz" na rede social define quem você é aos olhos dos outros.

O resultado disso é uma sociedade que inspira cuidados. O Relatório Mundial de Saúde Mental da Organização Mundial da Saúde (OMS), publicado em 2022, mostrou que em 2019 um bilhão de pessoas viviam com transtornos mentais. Depois disso veio a pandemia, e o que era ruim ficou pior ainda. A covid-19 aumentou em 25% os casos de ansiedade e depressão na população mundial.[11] E não dá para falar que nós, brasileiros, fugimos dessa realidade. Já somos o quinto país do mundo com o maior índice de depressão, perdendo apenas para Ucrânia, Estados Unidos, Estônia e Austrália.[12]

---

[11] OMS e OIT fazem chamado para novas medidas de enfrentamento das questões de saúde mental no trabalho. **OPAS**, 28 set. 2022. Disponível em: www.paho.org/pt/noticias/28-9-2022-oms-e-oit-fazem-chamado-para-novas-medidas-enfrentamento-das-questoes-saude. Acesso em: 18 abr. 2024.

[12] CARVALHO, A. Depressão e trabalho. **Você RH**, 3 ago. 2023. Disponível em: https://vocerh.abril.com.br/saude-mental/depressao-e-trabalho. Acesso em: 18 abr. 2024.

"MAS, DALBOSCO, COMO É QUE CHEGAMOS A ESTE PONTO? COMO CHEGAMOS A UMA VIDA SEM SENTIDO EM QUE O QUE APARECE NAS REDES SOCIAIS DITA QUEM DEVEMOS SER?"

Essa história não começou hoje. Fomos educados por uma geração que entendia que a vida tinha um roteiro preestabelecido para ser seguido. Como filhos, tínhamos que nos moldar àquilo que os pais ditavam como certo. Para nossos pais, o trabalho estabelecia o nosso estilo de vida. Era ele que definia o que faríamos, com quem nos relacionaríamos, o assunto que debateríamos, o esporte que deveríamos praticar, o instrumento musical que deveríamos tocar e assim por diante. Se o pai fosse transferido para trabalhar em outra cidade, por exemplo, todos deveriam acompanhá-lo. Danem-se as suas amizades, o colégio, a casa, o clube. Tudo ficaria para trás.

Eram os pais também que escolhiam a carreira que os filhos seguiriam, que geralmente era a mesma que a deles. E não para por aí: o orgulho da família era quando o filho conseguia emprego em uma multinacional. Ah, isso era algo que merecia até uma comemoração especial. O esforço de toda uma vida seria, enfim, reconhecido.

Depois disso, como aconteceu com o nosso personagem Emerson, ficaríamos décadas trabalhando na mesma empresa, seguindo o exemplo dos nossos pais e esperando ganhar da companhia aquela sidra com aquele panetone no final do ano e um certificado ao completar dez anos de casa. Isso quando você não era demitido antes, e faziam aquele corredor aplaudindo-o pelos serviços prestados junto a um "Dá aqui logo o seu crachá".

Com essa história – ou doutrinação – que colocaram na nossa cabeça, a possibilidade de estar insatisfeito com o trabalho ou o desejo de fazer algo diferente ficaria em segundo plano. Não é estranho, portanto, constatar que o mesmo relatório da OMS aponta que 15% dos adultos em idade laboral apresentam algum distúrbio psicológico. Ora, se não foi você que determinou os caminhos por onde seguir e, agora, mesmo insatisfeito ainda não consegue sair dessa trilha, não há como ter uma saúde mental equilibrada.

No lugar de encarar essa realidade, você finge que ela não existe e passa a observar a vida da maneira mais artificial que há: postando fotos bonitas na internet, frequentando o clube do condomínio com os novos amigos que fez e batendo cartão de segunda a sexta no escritório, achando o máximo pegar três horas de trânsito por dia para ir trabalhar na tal empresa que lhe dá acesso à rodinha de amigos diferenciados.

Anos depois, você se aposenta e vira um conselheiro de empresa ou abre uma consultoria. Ou simplesmente morre. E aí, só nesse momento crucial da vida, quando está quase desembarcando, quase fazendo o check-out deste mundo e iniciando o check-in no "hotel eterno", é que você repara que, naquela rosa vermelha que colocaram no seu caixão, apenas uma pétala era reluzente: a do trabalho. Todas as outras estavam murchas ou já caíram; afinal, você não construiu nada na vida que deixasse um legado, além de ser o fulano da empresa tal. Em poucos anos, já não se lembram nem do seu nome. Quem é você depois que for embora desta vida? Quem se lembrará de você? Respondo: com a vida que levou, com sorte, a esposa e os filhos.

Você também pode estar passando por isso ou conhece alguém que já viveu essa situação. Escuto várias pessoas assim todos os dias. Certa vez, estava mentorando o Fernando Leite, um gestor industrial que fez carreira em uma grande empresa, e ouvi o seguinte: "A princípio, eu achava que era normal passar a vida como um processo que tem começo, meio e fim. Assim, fiquei quarenta e quatro anos trabalhando até chegar à minha aposentadoria".[13] O que isso difere da vida da maioria das pessoas? Quase nada. O Fernando só se deu conta de que a vida não poderia se resumir a um perfil corporativo quando percebeu que tinha um valor maior, que ia além da empresa em que trabalhava.

Antes de seguir com a história do Fernando, uma observação: não há nada de errado em ter uma trajetória no trabalho corporativo como ele teve. O que há de perigoso nessa história, para a saúde física e mental, é se a única definição de sucesso vir por causa da vinculação a um CNPJ, ou seja, o externo lhe trazendo o que é felicidade. Se é esse o sentimento, começa aqui um grande risco na vida do profissional. Foi por isso que ele chegou a determinada fase da carreira em que percebeu que lhe faltava algo: precisava fortalecer a sua marca pessoal para encontrar mais significado por meio da sua única e poderosa identidade. Essa foi a virada de chave para as mudanças que se sucederam, mas ele precisou passar por um processo e furar a bolha na qual estava vivendo em piloto automático.

---

[13] Fernando Leite em entrevista concedida ao autor.

UMA VIDA DENTRO DE UMA BOLHA

Como você viu, somos resultados de pressões sociais que dizem que nós só nos tornamos alguém se formos o fulano da empresa tal. Assim, somos ensinados a passar a vida inteira nos dedicando a algo que nós não escolhemos, mas que escolheram por nós. É como se vivêssemos em um eterno *O show de Truman*.[14] Nesse filme, Truman Burbank (interpretado por Jim Carrey) é um profissional que mora em uma ilha chamada Seahaven e, sem saber, é acompanhado desde a nascença por um *reality show*. Assim, a sua realidade é limitada ao que os outros impõem a ele, sendo que aquela encenação é de conhecimento de todos, menos dele, que vive em sua bolha sem conhecer que há algo além daquele ambiente.

Na vida real, passamos por isso também. Nos acostumamos a viver no roteiro que escreveram para a nossa vida. Mas por que não saímos à procura do que há além dos limites que acreditamos existirem? Quanto o medo de decepcionar nossos pais, nossa família e até mesmo a sociedade nos bloqueia e nos impede de avançar? Quem está nos controlando e o que nos limita?

Truman Burbank expande a sua consciência e, por consequência, os limites do seu universo, descobrindo que há outras verdades além daquelas que implantaram na sua vida desde que nasceu. Então rompe os bloqueios estabelecidos pelo *reality show* e encontra a luz.

Truman nasceu naquele ambiente, portanto não tinha ideia de que existia algo além daquela bolha e, mesmo assim, conseguiu furá-la. Você tem o livre arbítrio de fazer algo diferente, de questionar

---

[14] O SHOW de Truman. Direção: Peter Weir. EUA: Paramount Pictures, 1998. (103 min).

a vida e reescrever o seu roteiro, concorda? Mas então por que se trava no avanço de se tornar inesquecível?

Como diz Francine Ghanem, empreendedora escolhida como Linkedin Creator no Brasil, a qual eu mentorei e que mudou a sua vida ao reescrever o seu roteiro:

> A gente só gera valor e se valoriza quando sai da zona de conforto, quando sai do próprio quadrado. Explorar novos caminhos, novas versões de si mesmo, primeiro o fortalece e depois mostra que você é capaz. É mais cômodo ficar em casa e se relacionar com as pessoas que conhece, mas, para colocar a cara a tapa, você precisa ter coragem e certeza de si mesmo. O comodismo só o leva mais para baixo. Ouvir os outros e estar preparado para isso nos leva adiante, para desbravar novos mundos, conceitos e grupos de trabalho. Isso é fantástico, porque nos tira da zona confortável que é o sofá de casa. Antes eu era a mesma Francine, nunca deixei de ser eu, mas tive que viver à sombra de outra pessoa. O brilho que tenho hoje é o brilho da Francine que sempre existiu, mas, infelizmente, eu mesma me permitia ser apagada.[15]

Olhando assim, parece tão óbvio, né? Mas vivemos em uma desconexão entre o que as pessoas são e o que elas acham que são. Aqui, neste meio, habitado em vaidades, um hiato se forma, e sua marca pessoal distancia-se da sua maior identidade: seu superpotencial.

---

[15] Francine Ghanem em entrevista concedida ao autor.

O QUE VOCÊ É DE VERDADE ← **HIATO** → **O QUE VOCÊ ACHA QUE É**

Quanto maior for esse espaço, maior será o abismo que o separa de si mesmo. Hoje, você pode nem perceber isso, pois vive no piloto automático, como falei no começo deste capítulo. Porém, quanto mais você se afasta de si mesmo, mais ferrado estará para eliminar o vazio interno. Sem luz própria, será sempre uma Lua: só reflete a luz de outro astro, aparece às vezes, mas vive de fases e, por momentos, nem cheia é.

Aos poucos, você vai se tornando um coadjuvante da sua própria vida e começa a viver a vida dos outros, para os outros e em função dos outros. O outro passa a ser o seu validador!

Mas onde ficam seus sonhos e os seus desejos com potencial de realização? Por que você precisa ter uma vida profissional e, se sobrar tempo, uma parte pequena da vida dedicada a si mesmo? Atualmente, a maioria dos adultos sente essa dualidade na própria vida, como se tudo fosse eterno, como se tivesse tempo para arrumar tudo no futuro. Acham que precisam ser o profissional de gravata vinte e quatro horas por dia. Passam uma imagem que não corresponde à realidade, mas é só um recorte do que você de fato não consegue ser ou que tenta preencher. No fim, sentem-se perdidos, inclusive de si mesmos.

Se a primeira imagem é a que fica, por que está deixando que os outros criem a sua imagem? Por que você vai deixar que todos achem que você se resume ao seu perfil corporativo? Cuidar da mensagem que você entrega ao mundo é essencial para que você al-

ONDE FICAM SEUS SONHOS E OS SEUS DESEJOS COM POTENCIAL DE REALIZAÇÃO?

DO INVISÍVEL AO INESQUECÍVEL
@ricardo.dalbosco

cance seus objetivos, seja respeitado, tenha credibilidade, conquiste reputação, gere engajamento e autoridade moral.

Trilhar esse caminho em busca da luz e do eu verdadeiro gera medo, sendo este um desafio constante: sair do inconsciente coletivo e ser elevado a uma consciência maior, para melhores decisões.

SE VOCÊ NÃO SE POSICIONA, ABRE OPORTUNIDADE PARA OUTRAS PESSOAS QUE ESTÃO À SUA VOLTA SE DESTACAREM.

Você vai ver que não dá para ser eternamente o que os outros querem que você seja, pois isso causa saturação e consequências drásticas à sua trajetória. Falarei disso no próximo capítulo, e tenho certeza de que você quer vir junto nesta jornada de elevação do conhecimento sobre si e sobre os cenários em que foi inserido até o momento. Vamos lá!

CAPÍTULO 3: VOCÊ É MELHOR DO QUE PENSA

Castro, Arquipélago Chiloé (Chile)

Pense na sua imagem. Aquela mesma que você vê refletida no espelho todos os dias pela manhã. Será que você é a pessoa que veste a roupa social de segunda a sexta-feira ou é a pessoa da festa do sábado à noite? A maioria dos adultos vive essa dualidade. Eles têm que ser uma pessoa dentro da empresa e outra fora dela. Mas será que isso ainda faz sentido? Será que temos que ser uma pessoa durante a semana e outra aos fins de semana? E quem é a pessoa que lê este livro agora? Qual a verdadeira?

Sem saber como trabalhar a sua imagem e autoimagem, as pessoas continuam agindo como antigamente, quando a exposição às redes sociais, a necessidade de se destacar fora do seu círculo profissional e a importância de um propósito bem-definido eram situações colocadas em segundo plano.

Mas o mercado mudou, assim como as pessoas, e isso ocorreu por dois motivos principais:

- A diminuição do tempo médio de vida das empresas: de acordo com o Instituto Brasileiro de Geografia e Estatística (IBGE), em 2021 a idade média das empresas no Brasil era de 11 anos.[16] E quanto menor o porte da empresa, mais esse tempo caía vertiginosamente. Um levantamento feito pelo Sebrae, a partir de pesquisas de campo realizadas entre 2018 e 2021, mostrou que chega a 29% o percentual de microempresas que fecham após apenas cinco anos de atividade.[17] Ou seja, as empresas centenárias estão ficando cada vez mais raras.

- A diminuição do tempo médio que um colaborador permanece na empresa: os colaboradores mais jovens não veem a companhia como sinônimo da própria vida, e sim como parte da sua experiência de vida (uma espécie de vários intercâmbios), por isso dificilmente passam mais de dois anos na mesma empresa. Sendo exato, apenas 19,3 meses, de acordo com os dados de janeiro de 2023 do Cadastro Geral de Empregados e Desempregados (Caged), sistema utilizado pelo Ministério do Trabalho e do Emprego (MTE). Essa rotação ganhou até nome: *job hopping*[18] – as novas gerações buscam negócios que vão além do salário. Buscam prazer na jornada, valores e propósito. Quem diria, hein?

---

[16] NERY, C. Em 2021, saldo de empresas que entraram e saíram do mercado cresceu pelo terceiro ano seguido. **Agência IBGE Notícias**, 26 out. 2023. Disponível em: https://agenciadenoticias.ibge.gov.br/agencia-noticias/2012-agencia-de-noticias/noticias/38171-em-2021-saldo-de-empresas-que-entraram-e-sairam-do-mercado-cresceu-pelo-terceiro-ano-seguido. Acesso em: 18 abr. 2024.

[17] A TAXA de sobrevivência das empresas no Brasil. **SEBRAE**, 27 jan. 2023. Disponível em: https://sebrae.com.br/sites/PortalSebrae/artigos/a-taxa-de-sobrevivencia-das-empresas-no-brasil,d5147a3a415f5810VgnVCM1000001b00320aRCRD. Acesso em: 18 abr. 2024.

[18] FURLAN, L. Job hopping: tempo médio de permanência no emprego diminui. **Você RH**, 30 mar. 2023. Disponível em: https://vocerh.abril.com.br/futurodotrabalho/job-hopping-tempo-medio-de-permanencia-no-emprego-diminui. Acesso em: 18 abr. 2024.

CARREIRA DOS PAIS:

Os *baby boomers* (nascidos entre **1946-1964**) e as gerações anteriores costumavam trabalhar na mesma área, na mesma empresa, por toda a vida profissional.

CARREIRA TRADICIONAL:

A geração X (nascidos entre **1965-1981**) tornaram-se mais flexíveis, permanecendo nos empregos de três a cinco anos antes de mudar para outra empresa.

CARREIRA MODERNA:

Os *millenials* (nascidos entre **1982 e 1997**) estão testando diferentes profissões e se recusando a se fidelizar a um único empregador. A carreira moderna é baseada na diversificação de renda.

Fonte: https://pt.slideshare.net/holics/the-slash-worker

O esquema anterior mostra as diferenças na trajetória profissional de cada geração. Os *baby boomers*, pessoas nascidas até 1964, tinham carreira praticamente em apenas uma empresa. Repare que a transição, quando acontecia, era de uma empresa para outra apenas. Já a geração X, aquela de 1965 a 1981, tornou-se mais flexível. Consideravam mudar de emprego a cada cinco anos. Já os *millenials* – de 1982 a 1997 – marcaram a época com uma ruptura, já querendo experimentar profissões diferentes ao longo da vida. Eles não querem um emprego apenas, mas, sim, ter experiências diversas, apesar de serem atingidos muitas vezes por uma espécie de consciência que pesa em função da pressão dos pais, que acham um absurdo essas mudanças de emprego.

"DALBOSCO, E AS GERAÇÕES Z E ALPHA, COMO FICAM EM RELAÇÃO A ESTE GRÁFICO?"

Essas gerações passam a guiar a grande Revolução das Carreiras, tema de uma das minhas palestras mais contratadas no Brasil, pois ambas buscam dar um basta ao modelo de trabalho que compromete a saúde física e mental para alcançar perpetuidade dentro de uma companhia.

Para essas novas gerações, o que se valoriza é o intercâmbio de conhecimento e experiências, assim como a identificação com os valores, o propósito e a missão da companhia, e não mais o "peso do crachá".

Atualmente, entender esse cenário é uma necessidade para uma carreira sustentável e não ingênua. Estar consciente do que vai acontecer em termos de modelo de educação dentro das empresas, assim como de formação entre gerações nos próximos anos, é primordial para se diferenciar no mercado ultracompetitivo. Mas nem sempre é o que acontece.

Alheio às mudanças no mercado, você olha para o lado e tem a sensação de que está ficando para trás. Na empresa, aquela pessoa com menos experiência que você, e provavelmente com menos idade, está crescendo exponencialmente. Você, mesmo com anos de empresa, em um cargo executivo, ciente da própria capacidade de entregar muito mais resultado, está ficando para trás. Você sente a necessidade de fazer algo, quer mudar a vida que leva, mas não sabe como. No meio disso, ainda se lembra dos sonhos que quer realizar, porém parece que tudo fica cada vez mais distante, sendo esses desejos uma mera projeção, sem qualquer concretização ou planejamento sólido.

"DALBOSCO, POR QUE ISSO ACONTECE COMIGO?"

O que passa é que você nunca se preocupou em criar uma imagem forte e que fosse ligada ao que você queria fazer de verdade. A sua felicidade sempre esteve mais ligada ao que era oferecido por oportunidades externas do que ao que você realmente sentia ou queria fazer. Assim, você acreditou a vida inteira que chegar ao cargo de CEO, ganhar aquela vaga na matriz da empresa no exterior, ter o casamento perfeito seria a felicidade. Aí você tirou de si a responsabilidade de encontrar a felicidade em si mesmo e joga para o que quer conquistar. Preciso ser sincero: você está a um passo de ser infeliz pelo resto da vida, pois a felicidade se tornou uma possibilidade, e não uma certeza. O problema é que você aprendeu durante toda a vida que as suas conquistas determinavam a sua felicidade e quem você seria, concorda?

Isso aconteceu inclusive comigo. Por muitos anos, não direcionei a minha vida de forma a assumir o protagonismo dela. Fui deixando que o exterior ditasse o que era bom ou não para mim: faculdade de medicina? Cargos altos em corporações? Os outros é que diziam o que era ou não era a minha garantia de futuro. Eu achava que tinha de ser alguém da empresa XYZ e o mais rico do mundo, pois com certeza isso seria sinônimo de felicidade para o resto da vida. *Ah, com o cargo que consegui na empresa, não preciso me preocupar. Nada nem ninguém me afetará*, você pensa. Até que chega o dia em que a pessoa com metade da sua idade entra na empresa e vira uma ameaça.

No livro *Detonando!*, o autor Gary Vaynerchuck[19] fala que o mundo dos negócios não é mais privilégio de uma ou outra pessoa, e que há muito espaço para quem quer entrar nesse jogo, já que todos podemos ser influenciadores. Porém, ele ainda vê empreendedores que se aprisionam em caixas criadas por eles mesmos, embora tenham muito mais poder do que tinham antes. E isso não vale só para quem quer ter uma empresa, mas também para quem trabalha em uma.

Antigamente, o discurso de viver só para uma empresa ou só para o negócio próprio até fazia sentido. Mas esse tempo ficou para trás. Hoje, o poder da informação mudou tudo. Eu vou explicar em detalhes essa história.

A ENCICLOPÉDIA BARSA

Quando eu era criança e tinha um trabalho de escola para produzir, lembro bem como fazia. Com o tema em mãos, corria à biblioteca para consultar as enciclopédias. Lá eu tinha acesso a desde as mais simples até a Barsa. Para quem não sabe, a Barsa, lançada no Brasil em 1964, foi a coleção mais estrelada dos anos 1980. Poucas famílias

---

[19] VAYNERCHUCK, G. **Detonando!** Atraia dinheiro e influência fortalecendo sua marca nas redes sociais. Rio de Janeiro: Alta Books, 2018.

tinham a enciclopédia em casa, e quem tinha a ostentava com orgulho na estante da sala aquela coleção com mais de dez livros de capa dura e o famoso nome escrito em belas letras douradas. Quem não tinha se contentava com outras publicações que se propunham a trazer informações diversificadas. Nessa lista entram o *Almanaque Abril* e a *Revista Seleções* – e, se você deu muita sorte e nasceu em uma família que transmitiu o saber popular, tinha mais essa fonte de informação.

Quem não tinha nada disso aprendia na rua mesmo. Mesmo assim, o acesso a qualquer tipo de informação era muito restrito. Você aprendia com um parente ou, no máximo, com um vizinho e com a galera da bicicleta (os tais amigos de infância). A frase do momento era "Quem tem a informação é rei".

Mas tudo mudou. Se você tem filhos em idade escolar, vê isso todos os dias. Para fazer um trabalho de escola, ninguém vai a uma biblioteca, como eu ia, nem consulta a Barsa que ainda está na sala, hoje apenas um enfeite, pois "custou um fígado" décadas atrás. Aliás, muitas crianças nem sabem o que é a Barsa. Uma pesquisa na internet, e facilmente se encontra tudo. Nem precisa ter um computador, já que 62% acessam a internet exclusivamente pelo celular.[20] A informação está na mão de todo mundo. Uma pessoa da classe C pode ter acesso aos mesmos artigos da Harvard Business School ou do MIT Technology que uma pessoa da classe A, e qualquer pessoa com acesso à internet pode entrar no meu blog www.ricardodalbosco.com, que é o maior de

---

[20] 92 MILHÕES de brasileiros acessam a internet apenas pelo telefone celular, aponta TIC Domicílios 2022. **Nic.br**, 16 maio 2023. Disponível em: https://nic.br/noticia/releases/92-milhoes-de-brasileiros-acessam-a-internet-apenas-pelo-telefone-celular-aponta-tic-domicilios-2022/. Acesso em: 18 abr. 2024.

marca pessoal para carreiras de sucesso no Brasil, e ler os artigos que escrevo.

Veja que a informação não é exclusiva mais a um grupo seleto de pessoas, o que muda completamente a dinâmica profissional. Mas como se tornar inesquecível frente a essa imensidão de informações e dados que o seu público-alvo tem hoje em dia? Agora você precisa mostrar a cara, transmitir o seu pensamento, gerar valor para outras pessoas, além daquelas que convivem com você diariamente. É obrigatório deixar de ser invisível.

É isso que vai diferenciar você daquele profissional que tem a metade da sua experiência, mas que mostra ao mundo o pouco que sabe, tornando-se uma opção de escolha, enquanto você esconde o muito que sabe em alguma "caverna" chamada escritório ou casa. Essa situação chega a um ponto tão sério que você duvida da sua própria capacidade, pois não batem mais à sua procura. Um bom exemplo foi o que aconteceu com o Marcos Leandro Pereira, advogado e conselheiro de empresas. Ele passou a duvidar da sua real capacidade. "Eu me enxergava despreparado e menor do que aquilo que o Dalbosco via em mim. Achava que era incapaz de conseguir grandes resultados."[21]

Olha só que paradoxo. Ele tinha um conhecimento incrível, mas se fechou tanto no próprio mundo que não se enxergava capaz. Por outro lado, via capacidade de grandes realizações em vários outros profissionais. O que acontece é que nunca havia trabalhado a própria marca pessoal de maneira estratégica. Ele era só mais um entre tantos profissionais que, apesar de serem brilhantes tecnicamente e terem um conhecimento incrível para deixar um legado, ainda não tinham trabalhado para se tornar inesquecíveis. Ele só

---

[21] Marcos Leandro Pereira em entrevista concedida ao autor.

conseguiu virar a mesa – hoje é mentor especialista em Governança Corporativa com foco na dinâmica do Conselho de Administração – quando fez um trabalho profundo para aumentar a sua consciência e seu autoconhecimento.

CONHECE-TE A TI MESMO

Sócrates foi um filósofo que causou uma disruptura na Filosofia Antiga. Antes dele, as discussões filosóficas se voltavam a encontrar o fundamento de todas as coisas. Mas ele estava preocupado com algo mais profundo: a nossa relação com nós mesmos, com os outros e com o mundo. Daí a conhecida frase "conhece-te a ti mesmo", atribuída a ele e registrada na entrada do Templo de Apolo, em Delfos, na Grécia Antiga.

Para o filósofo, nós devemos nos ocupar menos com as coisas – e aí incluem-se riqueza, fama, poder, autoridade – e colocar o foco em nós mesmos, no que sentimos, nos nossos propósitos, para encontrar as nossas próprias verdades. O que eu quero mostrar é que, passados milhares de anos desde a morte de Sócrates, ainda não aprendemos a olhar para nós mesmos, enxergando nossas potencialidades e também nossas fragilidades.

Eu só fui descobrir as minhas verdades – e a expansão dos limites do meu universo – com o meu aumento de consciência. Foi o que fez também o Marcos Leandro Pereira, cuja boa história contei nas páginas anteriores, mudar a sua vida profissional, trabalhando a autopercepção e a percepção pelo mercado. Eu venho de uma família de funcionários públicos: meu pai foi funcionário público militar, meu irmão ainda é funcionário público e eu também já fui, como contei anteriormente. Já a minha mãe tinha uma veia empreendedora (ou de sobrevivência, para ajudar nas contas de casa e criar os filhos). Ela vendia roupas de porta em porta, de comércio em comércio, depois que me deixava no colégio para estudar. Lembro as histórias em que ela se escondia no banheiro das lojas para que as funcionárias pudessem experimentar as roupas e ela não fosse vista e expulsa pelo dono do comércio. Para ela, não importava onde estivesse, o que importava é que a venda acontecesse por meio de um excelente atendimento, sinônimo de sua própria personalidade.

Depois de muitos anos nessa vida, ela foi trabalhar em uma loja como balconista. Então, de um lado, eu tinha a segurança financeira, mesmo que baixa, do meu pai no funcionalismo público e, do outro, tinha a minha mãe, uma batalhadora, primeiro empreendendo e depois como funcionária. Eu aprendi muito com as experiências de ambos, mas algo me incomodava: a vida não poderia ser só aquilo. Se eu seguisse na mesma linha, iria trabalhar e trabalhar até a minha aposentadoria, e depois o quê? Eu tinha que elevar esses ensinamentos a um novo patamar.

Mesmo com esse incômodo, não fugi à regra: fui formatado para trabalhar para ser o fulano da empresa X ou Y, por esse caminho segui até o destino predeterminado e comum à minha geração. Estudei, fiz uma ótima faculdade, prestei concurso público e estava cumprindo o meu papel quando veio o convite para trabalhar para uma multinacional em Angola, na África. O país saía de uma guerra civil de quase trinta anos – fora o período de guerra colonial – e estava destruído, com uma expectativa de vida média de 42 anos quando lá cheguei. Minha função era ajudar a reconstruir as cidades, mapeando locais para novas construções, como escolas, centros de saúde e zonas habitacionais, considerando áreas de vulnerabilidade, como enchentes, parques naturais, e pensando também onde passaria toda a infraestrutura do local.

Foram três anos vivendo praticamente sem água potável e eletricidade de rede. Água para beber dependia de um caminhão pipa. A eletricidade vinha de um gerador. Teve um dia que peguei sete ratos dentro da casa em que morava, na cozinha! Era uma situação deplorável. Além disso, convivia com a insegurança. Guardas faziam a minha escolta munidos com fuzil AK-47 nas casas em que habitava pelo país.

Eu vi tudo o que um ser humano não quer ver na vida: mortos nas ruas, pessoas comendo lixo para não passar fome, falta de higiene básica, falta de acesso à educação e à cultura. Confesso que não foi uma experiência mágica, mas estar lá foi um divisor de águas na minha vida. Se eu me perguntava se o sentido da vida era trabalhar até morrer, lá eu descobri que a vida ia muito além disso. Assim, novos questionamentos foram surgindo: *Por que estou aqui? Por que me sujeitar a ter uma arma apontada para a minha cabeça como aconteceu? Por que estou arriscando a minha vida pelo trabalho? O que realmente me preenche?*

Ter sido um dia o melhor aluno da sala já não significava nada. O funcionalismo público, a vida no exterior, emprego em multinacional europeia... Tudo parecia muito pouco para mim. Então voltei para o Brasil como C-level de uma multinacional da área de tecnologia para cuidar da entrada da empresa no país. Mesmo muito bem-sucedido nesse cargo em função do rápido crescimento dos negócios, eu me sentia caminhando em uma esteira. Andava, andava e não saía do lugar. Eu podia fazer mais, sabia do meu potencial, mas o próprio ambiente em que estava me limitava.

Enquanto tentava sair daquele ecossistema que me aprisionava, entendi que minhas experiências, todos os anos de estudo olhando para o que está fora, não me trouxeram o que eu mais precisava, que era o que está dentro: o autoconhecimento. Só quando passei a me enxergar de verdade, e os anos em Angola me ajudaram muito nesse processo, eu me descobri feliz. Ou seja, eu entendi que **A FELICIDADE ESTÁ NA BUSCA CONSTANTE DE SE AUTOCONHECER**. Portanto, é uma decisão, e não uma condição! Dessa maneira, eu me blindo do que vem do externo. Do contrário, estarei permeável aos outros dizerem o que é minha felicidade. Sempre vou precisar de alguém para me dizer o que é ser feliz, sendo que eu não busco ser protagonista da minha própria vida. Todo esse sofrimento surge da nossa incapacidade de sentir conexão com quem nós verdadeiramente somos.

"MAS, DALBOSCO, ENTÃO QUER DIZER QUE FOI UM ERRO ESTUDAR A VIDA INTEIRA, FAZER MBA, MESTRADO, DOUTORADO?"

Claro que não foi um erro estudar. **A IGNORÂNCIA COBRA CARO QUANDO RESOLVEMOS PARAR DE APRENDER.** O erro está na intenção. Se você faz um MBA ou um curso supercaro pensando exclusivamente em ser contratado ou para construir aquele currículo de estrela, melhor repensar por que está querendo investir dinheiro, tempo e energia nessa ação.

TER MAIS UM CANUDO NA MÃO NÃO É A SOLUÇÃO PARA A FALTA DE CONVITES E OPORTUNIDADES NA CARREIRA.

Nos novos tempos, ter um MBA faz a diferença mais no seu conhecimento do que diretamente na contratação por uma vaga no mercado de trabalho. Há anos, grande parte dos recrutadores (ou seja, empresários, RHs e *headhunters*) não querem saber unicamente se você estudou na escola X ou Y, mas, sim, quais são os problemas que você conseguiu resolver nos últimos anos e como aquela empresa contratante pode utilizar da sua sabedoria para crescer. Ou seja, a disputa começa na percepção de quem contrata.

Mas se o seu diploma já não é o seu maior chamariz para o mercado, o que falta a você? Foi um questionamento desse tipo que fez com que Sergio Lopes, meu mentorado e escritor do famoso livro *Os loucos geram mais resultados*,[22] que estava como vice-presidente de Engenharia Humana, Atendimento e Vendas, reavaliasse quarenta anos de carreira. "Ao longo da minha trajetória, tive muita clareza do meu potencial, conhecimentos e experiências, que sempre me ajudaram a conquistar novas oportunidades de carreira, porém, ao mudar para um 'voo solo' só isso não bastava! E, sinceramente, não sabia como potencializar minha nova carreira",[23] ele me contou. Para entender essa inquietação, Sergio pediu demissão e tirou um período sabático para identificar com mais clareza o seu propósito e para que pudesse trabalhar mais profundamente algumas descobertas que seriam um excelente produto para a sua carreira.

Esse conhecimento que o Sergio tinha e que você também tem, dentro da sua área de atuação, tem que ser um gerador de valor para

---

[22] LUPPA, L. P.; LOPES, S. **Os loucos geram mais resultados.** São Paulo: Resultado, 2018.

[23] Sergio Lopes em entrevista concedida ao autor.

a sua vida e possibilitar que você gere valor para a vida dos outros, fortalecendo a sua marca pessoal. A busca pelo conhecimento é o início da transformação de qualquer marca.

Por outro lado, se você não tiver aumento da consciência, vai continuar aplicando energia, tempo e dinheiro em algo que não faz sentido para elevá-lo de patamar. Foi a partir desse ponto, quando criou consciência do seu propósito, que o Sergio viu que precisava se posicionar de maneira mais ativa nas redes sociais para ser requisitado, com uma estratégia bem-definida e conteúdo de impacto na sua construção de autoridade.

Esse entendimento é uma necessidade para a sua melhor performance individual, já que não basta mais ser visto apenas dentro da empresa. O mundo precisa saber que você existe, e você tem que se posicionar, caso contrário, o mercado o engole. Lembre-se: se você não for o predador, você é a presa em seu mercado. O mediano não serve para quem quer construir um ecossistema que se retroalimenta com indicações e oportunidades constantes na carreira.

O MEDIANO NÃO ATINGE O PÓDIO NEM É VISTO COM PODER POR PESSOAS ESTRATÉGICAS QUE POSSAM FORTALECÊ-LO E ELEVÁ-LO A OUTRO PATAMAR DE CONDIÇÃO DE VIDA.

Se não bastasse, fica esperando a tal promoção interna, tendo a vida condicionada por um CNPJ que manda no seu futuro.

Mas então terá que deixar a empresa que trabalha para trás? Se você é feliz ali, tudo bem. O que eu quero dizer é que você pode ser o CEO, o diretor da empresa XYZ, mas também pode encontrar muito sentido em algo que gere mais valor para si e para os outros: pode se tornar palestrante, mentor, conselheiro, pode ter outra empresa, ministrar aulas de algo em que seja especialista... Essa tendência, que está ficando cada vez mais forte, chama-se *slash career* (do inglês "carreira em camadas"). O termo, criado pela especialista em futuro do trabalho Marci Alboher, refere-se à jornada profissional na qual a pessoa tem mais de uma atividade, em segmentos distintos, ao mesmo tempo.

Isso não significa ter um emprego principal e outros que sejam considerados "bicos" ou "trabalho esporádico". *Slash career* não trata apenas da ideia de ter uma renda extra e satisfação no trabalho, mas também de como você se encaixa e cria valor ao mundo. É mais uma oportunidade para dedicar-se, desenvolver-se, ter desafios, evoluir e crescer profissional e pessoalmente, se é que dá para separar as duas coisas hoje em dia.

Acredite: você é mais do que as pessoas acreditam, mas precisa se preparar e aprender como mostrar isso ao mundo. Siga comigo, que você vai entender como virar esse jogo.

CAPÍTULO 4: ALÉM DAS *HARD SKILLS* E *SOFT SKILLS*

Nevada (EUA)

Certamente você já ouviu falar de *hard skills* e *soft skills*. As *hard skills* referem-se ao conhecimento técnico adquirido e necessário para a sua profissão. Ou seja, é aquele que você aprende em uma escola ou na faculdade e depois aplica na prática, por meio desses ensinamentos ou na vivência de anos de experiência laboral.

Há algumas décadas, lá nos anos 1970, 1980 e até 1990, isso era o que importava quando você fosse procurar um emprego. Então, o currículo mais robusto em termos de quantidade de formações era o que contava. Se você tivesse estudado em uma faculdade listada entre as melhores do país ou em uma do exterior, era como se tivesse em mãos um passaporte para a felicidade eterna. Se era competente mesmo para exercer as funções era outro papo, relevante mesmo era o diploma que tinha em mãos.

Um tempo depois, os recrutadores passaram a direcionar suas atenções para outro tipo de habilidade, as chamadas *soft skills*. Trata-se das habilidades sociocomportamentais, algo que nem a melhor faculdade do mundo pode trazer, apesar de que o sistema educacional está tendo que se adaptar para não ser engolido pelo mercado. Incluem-se na lista das *soft skills* a alta capacidade de comunicação e persuasão, habilidades como trabalhar sob pressão e em equipe, senso de liderança desenvolvido e facilidade para resolução de conflitos, entre outros. A partir daí, o currículo era só uma parte da avaliação dos recrutadores. Eles queriam saber também como você se comportava em algumas situações. Então todo mundo foi atrás de se preparar para essa nova exigência do mercado em ser o tal do "líder resiliente".

Ora, se ter esses dois conjuntos de habilidades já não é diferencial, pois há uma cobrança-padrão em se preparar para isso, então o que faz com que seu colega cresça na carreira profissional, e você, não? Por que a grama do vizinho sempre parece mais verde que a sua?

O que acontece é que hoje já não basta ter as *hard* e as *soft skills*, pois devemos adicionar um terceiro eixo: ser percebido!

Se você tem esses três elementos muito fortes, forma-se a tríade de ouro para você ser imbatível no mercado.

"MAS, COMO ASSIM, DALBOSCO, O QUE É ESSE TERCEIRO ELEMENTO?"

Ser percebido é a maneira como o mercado entende (ou não) você como a solução. Não é só a imagem que você transmite, vai além disso. É como você é notado, respeitado, admirado e se torna inesquecível na mente das outras pessoas. Nesse sentido, ser percebido o coloca em um lugar de destaque em que o seu produto – que é você mesmo – passa a ter um diferencial intrínseco. Por exemplo, você vai a um supermercado e vê lá a água Voss, com aquela garrafa de vidro toda estilosa, para comprar por 40 reais. Ao lado, está a água na garrafinha de plástico da fonte X de Minas Gerais e custa 5 reais. Sem nem pensar muito, você pega a Voss e sai orgulhoso do mercado, com o produto de ótima qualidade que adquiriu (se bobear, posta até nos *stories* do Instagram por ter adquirido a "Apple das águas"). Por que a primeira vale mais que a segunda, se você nem fez o teste de ambas? Será que o pH, o sabor, a hidratação de uma são diferentes da outra? Você não sabe. O que, de cara, diferencia uma da outra é simplesmente o valor que é percebido na primeira. Talvez aquela da garrafa de plástico tenha propriedades melhores que a Voss, mas ela não é percebida assim.

Eu ouço isso todos os dias dos meus mentorandos. Miguel Lopes, diretor de TI em uma multinacional e agora fundador de duas empresas, foi um desses. Mesmo com décadas de experiência, mesmo sendo a Voss de sua empresa, ele não era conhecido pela maioria dos profissionais de RH, CEOs, *headhunters*, CIOs[24] e empresários – essas pessoas não tinham consciência de que sua sabedoria poderia fazer uma grande diferença, o que o tornava uma água de garrafa de plástico. "Eu estava fechado no meu mundo, dentro de uma multinacional global em que tinha pouco contato com o mercado. Por isso não era considerado para oportunidades que poderiam mudar a minha carreira ou a minha trajetória profissional. O simples fato de não ser visto já me deixou fora do baralho",[25] contou-me.

Ao ser percebido, você desperta o seu valor para o mercado. O objetivo você mesmo define. Pode ser para vender mais o seu produto ou serviço, para ser mais requisitado por outras empresas, para receber mais convites da mídia, para conseguir aquele cargo que você tanto sonha. Enfim, o objetivo é seu, mas chegar lá depende sempre desse terceiro elemento. Para o Miguel, ser percebido lhe trouxe convites para participar de podcasts, convites para trabalhar em outras empresas e uma nova visão estratégica sobre si mesmo.

Quando você une as *hard skills* e as *soft skills* ao fator de ser percebido, chega perto do equilíbrio perfeito para que cresça na carreira e alcance seus sonhos. Pense em uma banqueta. Se colocar apenas duas pernas, ela pode até ficar mais prática à primeira vista por ocupar menos espaço, mas não passa segurança suficiente, pode dar a ideia de que ficará bamba e cairá, falta ali uma sustentação

---

[24] CIO (Chief Information Officer) é o cargo correspondente a diretor de tecnologia da informação. (N. E.)

[25] Miguel Lopes em entrevista concedida ao autor.

confiável. Mas quando se coloca um terceiro apoio, aí ela muda, passa confiança, solidez e equilíbrio de força. Nossa base para a projeção profissional é essa banqueta. Os dois primeiros pés são as *hard* e as *soft skills*, mas só com eles não há equilíbrio suficiente. O terceiro é a maneira como você se torna perceptível. No começo, com os três pontos ainda em desenvolvimento, você tem uma banqueta bamba, mas ao trabalhar a sua marca pessoal você vai se transformando, ganhando estabilidade mais robusta e imponente. Daí você deixa de ser uma banqueta e vai se transformando em uma poltrona, daquelas italianas, bem caras mesmo, com acesso a ambientes diferenciados.

Agora me responda: você quer ter uma imagem profissional que não para em pé, como uma banqueta bamba de duas pernas, ou quer reforçar sua estrutura para, com disciplina e dedicação, se tornar uma poltrona italiana? Tenho certeza de que a sua resposta foi a última opção. Mas, então, por que está sentado em uma banqueta que não sustenta o que você realmente pode se tornar?

Ok, parece que a culpa não é sua, eu sei disso. Você foi educado no piloto automático para não dar atenção a essas habilidades. Quem aqui aprendeu na escola ou faculdade a se apresentar corretamente em uma reunião, a fazer um *pitch* de sucesso a depender do público-alvo ou a usar as redes sociais para aumentar o seu valor? Provavelmente ninguém. Com certeza você aprendeu a se apresentar da seguinte maneira: "Olá, eu sou fulano, me formei na faculdade X, fiz pós-graduação na Y, trabalhei por tantos anos na empresa Z…". Sabe como eu chamo essa pessoa? "Executivo retrovisor." Ele só sabe contar o passado. Ele fala, fala, fala de tudo o que já fez. O tempo de se apresentar acaba, e ele não fala nada para a frente. E você sabe bem o que acontece quando dirige olhando para o retrovisor. Você bate o carro.

O que você precisa, e não lhe ensinaram, é ser um profissional para-brisa, aquele que olha para a frente. Ele olha para o retrovisor, mas só para se nortear ao ver se alguém quer ultrapassá-lo, o que está acontecendo no mercado, e usa isso como um norteador para corrigir erros em função da maturidade adquirida.

INPUT E OUTPUT

Não se ofenda quando eu falo que você está se comportando como uma banqueta em que falta um apoio fundamental. Esse é um comportamento que muitas pessoas têm, mas poucas percebem. Você se acostuma tanto a viver na média que nem se dá conta de como está se comportando. E, se você não enxerga o problema, também não busca meios de combatê-lo e melhorar sua vida. Que círculo vicioso é esse que você está vivendo?

Sair desse "ciclo da derrota" depende de atitude na busca pelo autoconhecimento (como falamos no capítulo anterior) para, enfim, pivotar a sua vida. E há apenas duas maneiras de fazer isso: retirando aquilo que não está dando certo e adicionando algo muito bom; ou intensificando algo que já está dando certo para ficar ainda melhor.

Imagine um chocolate daqueles bem baratos, com aquela gordura hidrogenada que gruda no céu da boca. Ele é assim por conta dos ingredientes de menor qualidade que são usados na fabricação. Então, se a ideia é melhorar, valorizar o produto, eu tenho que tirar um ingrediente ruim e substituir por algo bom. Por exemplo: eu tiro o açúcar refinado e coloco um adoçante natural (stevia, xilitol). Caramba! Isso já vai ajudar a valorizar o produto.

Então, se ele custava lá no começo 3 reais, pode passar a custar 17 reais, porque seu público-alvo muda e passa a enxergar valor naquele produto. Mas que tal melhorar mais um pouco? Então eu tiro aquele tanto de gordura e faço um chocolate 70% cacau. Agora eu adicionei ainda mais valor ao produto, e o preço dá mais um pulo. Sai dos 17 reais e pode ir a 30 reais. Transfomamos o valor ao trocar os ingredientes de baixa qualidade por outros que valorizavam e melhoravam o produto, mudando até o consumidor do chocolate.

O chocolate que já é muito bom e reconhecido assim por seus consumidores não precisa se preocupar em substituir nada, mas pode melhorar ainda mais o processo ao ficar mais requintado e instigante na imagem, na distribuição, ou mesmo ao otimizar a produção para diminuir seus custos. Tipo um chocolate suíço. E que grande valor ele tem! É um exemplo de intensificar o que já está funcionando, ao evidenciar a qualidade e tentar alcançar o consumidor que o valorizará.

Pense em você como esses chocolates. Se você não se tornar percebido, distribuído, apetitoso para quem o consome, vai continuar sendo um chocolate visto como de segunda linha, com interpretações negativas dos seus ingredientes, as quais você poderia estar controlando melhor. Porém, se você trabalha a sua marca pessoal, o seu valor de mercado também muda, e você se torna o chocolate gourmet que acabamos de criar. Sempre na minha vida eu olho estes dois eixos: o que está dando certo e pode ser intensificado? O que não está tão bom e pode ser substituído para algo melhor? No *branding* pessoal, a sua estratégia de carreira precisa ser trabalhada da mesma maneira, caso queira que os ganhos influenciem sua qualidade de vida.

Mas se você não se prepara, se não faz um esforço para ser percebido nem cria nem pede ajuda para criar uma estratégia certeira, como quer melhorar algo? As pessoas não entendem que se continuarem colocando ingredientes de 3 reais na própria vida, a sua marca pessoal nunca vai valer 30 reais. Preste atenção:

NÃO DÁ PARA O OUTPUT SER BOM, SE O INPUT É RUIM.

Não dá para terminar o dia (seu output) com resultados extraordinários, se no começo do seu dia (o input) você continua a colocar ingredientes ruins. Não dá para terminar o dia bem-sucedido, se a primeira coisa que você faz ao acordar (e ainda na cama) é abrir o Instagram para ficar vendo *stories* dos outros ou rolando *reels* sem parar, apenas consumindo a vida dos outros e não usando suas próprias redes sociais para alavancar sua marca. As pessoas continuam esperando o milagre da loteria, esperando que alguém as convide para dar uma palestra, esperando que alguém – sabe-se lá de que maneira – enxergue potencial e as convide para um novo cargo na empresa.

Fernando Manfio Rodrigues era um dos maiores especialistas de crédito na América Latina, mas, mesmo assim, tinha a sensação de que não saía do lugar. O que estava fazendo? Ele mesmo conta: "Estava deixando a vida me levar, meio que inadvertidamente, deixando as coisas acontecerem sem colocar o devido entusiasmo, sem o respeito pelo meu trabalho, como deveria ser. Um dia, quem sabe, do nada, isso aconteceria?".

Você também faz isso? Pense bem, porque a sensação de estar em uma esteira infinita, em que você anda, anda e nunca sai do lugar, esse sentimento de que só perde energia, geralmente acontece quando você não intensifica o que está dando certo nem substitui o que está atrapalhando. Invista em você, assumindo o papel ativo de procurar e mudar o que precisa melhorar. Isso dá trabalho, mas é mais do que necessário.

MUITOS QUEREM O SUCESSO, MAS NÃO QUEREM O SUOR.

E você precisa tomar uma decisão na sua vida se quer pagar o preço dessa realização que tanto almeja. A vida do Fernando, que hoje é treinador de líderes, palestrante e CEO no Laboratório de Decisões, só deu uma guinada quando o seu mindset mudou. "É preciso foco, competência, resiliência, muito trabalho reflexivo, muita mão de obra na prática para realizar seu sonho e contribuir para que vidas possam usufruir daquilo que só eu posso oferecer do meu jeito e da minha maneira",[26] diz.

O MEDO DO JULGAMENTO

Ok, você já entendeu que para ter sucesso precisa do tripé:

[26] Fernando Manfio Rodrigues em entrevista concedida ao autor.

Entendeu também que o output só vai ser bom se o seu input for nutrido de boas estratégias e decisões. Mas por que você não consegue seguir em frente e mudar sua realidade?

Provavelmente a sua marca pessoal está aquém do que pode ser, e você está permitindo que isso aconteça por três grandes fatores:

Medo de ser julgado ao se posicionar como marca pessoal

Voltamos àquele nível social em que fomos criados. Aprendemos desde a infância que só celebridades, políticos ou pessoas ricas poderiam aparecer na televisão, influenciar pessoas e emitir opiniões. Os demais que tentavam se destacar de alguma maneira eram julgados porque estavam querendo "aparecer". Youngme Moon, professora na Harvard Business School, no livro *Diferente: quando a exceção dita a regra*,[27] analisa como essas interferências do passado moldam quem somos. Ela diz que "o medo da mudança e a vontade de se conformar são requisitos vitais para a sobrevivência. Somados às penalidades que as organizações criam para divergências de comportamento, não é de se espantar que quase todos os escritórios, escolas, fábricas, hospitais ou quartéis sejam organizados da mesma forma, há séculos".[28]

Por isso é que, mesmo nos dias atuais, um jovem querer aparecer nas redes sociais é normal, mas uma pessoa com mais de 40 anos ainda é muito julgada, enfrentando diversas pressões internas e externas (no ambiente corporativo e entre colegas) pela mesma atitude. E por que isso incomoda? Por que o julgamento dói tanto?

---

[27] MOON, Y. **Diferente:** quando a exceção dita a regra. Rio de Janeiro: Best Business, 2011.

[28] *Ibid.*, p. 11.

Por que temos a tendência de nos fechar e desistir frente ao olhar e à ameaça dos outros?

Esse comportamento natural do ser humano é conhecido como Síndrome do FOPO (do inglês *Fear of Other People's Opinion* ou medo da opinião dos outros). Descrita pelo psicólogo americano Michael Gervais, surge quando você precisa se expor de alguma maneira. Pode ser quando vai fazer um post da rede social, quando precisa dar uma opinião em uma reunião, quando vai se apresentar em público. Em um artigo para a *Harvard Business Review*, Gervais explica que o medo da opinião dos outros tornou-se uma obsessão irracional e improdutiva no mundo moderno, e seus efeitos vão muito além do desempenho. Segundo ele, "ao prestar menos atenção em si mesmo e começar a se conformar com o que os outros podem ou não pensar, você prejudicará o seu potencial. Você preferirá se sentir seguro do que lidar com o outro lado da crítica, tendo medo de ser ridicularizado ou rejeitado. Quando desafiado, você renunciará a seu ponto de vista. Você não levantará a mão quando não puder controlar o resultado. Você não aceitará a promoção porque pensará que não está qualificado para tal".[29]

Esse receio o paralisará de uma maneira que você não conseguirá dar um passo adiante. Acreditará que aquela vida melhor com a qual tanto sonha, que subir aos palcos pelo Brasil, arrasar na sua palestra motivando milhares de pessoas e sendo reconhecido como uma autoridade moral na sua área, é só para o outro, nunca para você.

---

[29] GERVAIS, M. How to Stop Worrying About What Other People Think of You. **Harvard Business Review**, Cambridge, 2 maio 2019. Disponível em: https://hbr.org/2019/05/how-to-stop-worrying-about-what-other-people-think-of-you. Acesso em: 18 abr. 2024.

Clodovil Hernandes, estilista e apresentador que sempre foi conhecido por opiniões ácidas – sem medo do julgamento dos outros –, dizia que os nossos maiores medos vêm de três perguntas: "Para quê?", "Por quê?" e "Para onde?".[30] Quando você questiona o sentido da vida usando essas três expressões, terá dificuldade de formular algumas das respostas, porém o exercício lhe trará a plenitude de entender o que realmente importa daqui para a frente, e verá que poderá estar praticando muitas ações que visam ao prazer imediato; mas escapam das atitudes necessárias para mudar a sua vida, cortando o mal pela raiz e alcançando o seu verdadeiro sucesso.

Se você só obedece aos seus medos e não cria uma estratégia que traga o poder de ser visto como ser único e relevante, você não está sendo fiel a si mesmo, e a tal da autenticidade vira uma ilusão. Além disso, você tem medo de criar o seu futuro de modo estratégico, pois é no futuro que a projeção dos seus medos aparece. Ou seja, você não rema para um futuro realmente fenomenal, pois tem medo de encontrar seus próprios medos.

Busca pelo perfeccionismo, travando a atitude de iniciar

Vejo muitas pessoas que não dão o próximo passo porque querem que tudo seja perfeito. Então apegam-se a diferentes desculpas para ficar no ponto onde estão. Uma hora é porque não tem tempo, outra hora porque está de férias, outra hora é outra coisa. Chega um momento em que até a roupa que veste e o corte de cabelo

---

[30] O QUE é a vida, Clodovil? 2023. Vídeo (4min58s). Publicado pelo canal Programa Provoca. Disponível em: https://www.youtube.com/watch?v=A4SR-CMseHtE. Acesso em: 18 abr. 2024.

SE VOCÊ SÓ OBEDECE AOS SEUS MEDOS E NÃO CRIA UMA ESTRATÉGIA QUE TRAGA O PODER DE SER VISTO COMO SER ÚNICO E RELEVANTE, VOCÊ NÃO ESTÁ SENDO FIEL A SI MESMO, E A TAL DA AUTENTICIDADE VIRA UMA ILUSÃO.

DO INVISÍVEL AO INESQUECÍVEL
@ricardo.dalbosco

são motivos para deixar sempre para depois o início de trabalhar a própria marca. Vou analisar alguns aspectos para ajudar você.

Primeiro que a perfeição é só uma percepção. O que é perfeito para você pode não ser para o outro. Se você cair nesse dilema, estará, mais uma vez, à mercê do julgamento alheio. Comece agora. Se alguém gostar, ótimo. Você já começa a criar a sua autoridade. Quem não gostar, OK, o que não é possível controlar não pode trazer ansiedade e aflição, como o próprio pensamento estoico prega.

Segundo é que se não der o primeiro passo, nunca saberá como vai ser. Só arriscando você aprende e cria a confiança de que precisa para seguir em frente. Você sabe como será lá na frente? Não, mas é a única maneira de você construir um futuro do seu jeito. O pensador e filósofo Clóvis de Barros Filho já cravou de que "a confiança é uma certeza sobre coisas que não podemos verificar, mas temos a certeza de que pode ser real".[31] Então, muitos profissionais não tomam decisões, pois posicionamento é renúncia: você terá que escolher um lado e deixar o outro para conseguir focar, sendo que essa sensação de perda é o que não querem ter de passar. A partir daqui, os resultados já sabemos: sem posicionamento, sem chances de você ser percebido como autoridade moral em sua área.

Falta de um mentor em quem possa confiar

Lembra-se da história do chocolate? Uma das maneiras de melhorar o produto – neste caso, você mesmo – é intensificar o que já está dando certo. Identificar o que está bom nem sempre é tão fácil;

---

[31] FILHO, C. B. A confiança é a certeza que não se vê! **Linkedin**, São Paulo, nov. 2023. Disponível em: www.linkedin.com/posts/clovisdebarros_filosofia-vida-sabedoria-activity-7127647330257752064-JkVj/. Acesso em: 18 abr. 2024.

SÓ ARRISCANDO VOCÊ APRENDE E CRIA A CONFIANÇA DE QUE PRECISA PARA SEGUIR EM FRENTE.

DO INVISÍVEL AO INESQUECÍVEL
@ricardo.dalbosco

portanto, se está andando na esteira sem conseguir identificar seus pontos fortes para impulsioná-los, procure um mentor que possa ajudá-lo a acelerar o processo de percepção. Neste livro, estou contando as histórias de várias pessoas que intensificaram seus pontos fortes por meio da mentoria.

Profissionais que não encontram em quem podem confiar para serem mais estratégicos acabam por alocar tempo, energia e dinheiro em ações de pouca eficácia. E sabe o que isso gera? Desânimo! Fuja desse tipo de cenário fazendo escolhas sábias, que poderão projetar você de maneira mais rápida em direção ao seu sucesso, mas que tenham a sensatez de lhe proporcionar segurança para dar os primeiros passos dessa trajetória vitoriosa.

Está na hora de deixar seus medos para trás e investir na sua marca pessoal. No próximo capítulo, você vai entender o poder que sua marca pode ter e como isso vai permitir que você seja mais valorizado, abrindo-o para conquistas que você não provou ainda na vida, mas que são possíveis se você tiver, a partir de agora, a atitude de começar a construir o império de uma vida repleta de significância e resultados inesquecíveis.

CAPÍTULO 5: CONSTRUA A SUA MARCA PESSOAL

Loma Linda, Califórnia (EUA)
Uma das cinco cidades no mundo com maior índice de longevidade

Eu sempre fui um profissional que lutou pela empresa em que trabalhava. Na minha cabeça, não importava se ela era minha ou não, eu agia como se fosse o dono. Era um intraempreendedor, aquela pessoa que busca oportunidades frequentes para inovar dentro da empresa, mesmo sendo "apenas" um colaborador. Esse pensamento reforça a ideia de que, se entrego o melhor para a empresa, logo essa empresa também entregará o melhor para mim, reconhecendo o meu esforço e me garantindo um bom emprego, bom salário, crescimento profissional, estabilidade na carreira, aposentadoria, status e assim por diante.

Mas claro que eu estava errado. Com o passar do tempo, vi que mesmo sendo o mais prestativo ou o mais dedicado, eu não era valorizado, pois minhas atitudes eram diminuídas ante outros interesses internos. A empresa ainda ia para o mercado buscar outros profissionais e, claro, pagando um salário maior, pois "santo de casa não faz milagre". Ou seja, por estar muito disponível, o meu preço de mercado interno acabava por cair. Eu permanecia fazendo o meu melhor trabalho sem o devido reconhecimento interno e muito menos o reconhecimento externo. Afinal, ninguém conhecia o profissional Ricardo Dalbosco, mas sim o Ricardo da empresa X.

Foi então que eu vi que se não me posicionasse, se não me colocasse como especialista na área em que atuo, nunca sairia daquela situação. O que eu precisava não era de um emprego novo, mas de me posicionar como uma marca para aumentar a minha liberdade de escolha.

"DALBOSCO, MAS COMO UMA PESSOA PODE SER UMA MARCA, SE ATÉ AGORA NÃO ME INCENTIVARAM A VIRAR UMA?"

O primeiro ponto que você precisa entender é que qualquer pessoa é uma marca, algumas mais e outras menos marcantes, impactantes, rentáveis ou memoráveis, mas sempre uma marca. Pense em uma pessoa, pode ser em você mesmo: esse conjunto que você vê na sua frente é uma marca. A diferença é se ela é bem trabalhada ou não. O segundo ponto é que ser uma marca, como pessoa, não é muito diferente de ser uma marca como produto que se compra ou um serviço que se contrata. O raciocínio é o mesmo: o seu público-alvo compra um produto por prazer ou para solucionar uma dor.

Você compra aquilo em que confia, que vai ajudá-lo a resolver um desafio, e, no relacionamento pessoal, funciona da mesma forma. A partir do momento em que se posiciona como uma autoridade moral em determinada área, gera credibilidade para as pessoas que vão começar a se lembrar de você quando pensarem em buscar uma solução para o que enfrentam. "Poxa, o Dalbosco é o melhor nesse segmento, vou comprar dele", "Quando eu penso em mentoria em estratégia de *personal branding* para a minha carreira, o Dalbosco já vem à minha mente" e assim por diante. Isso é se tornar marcante dentro da composição de algo muito maior chamado "sua marca"! Você se valoriza de maneira a se tornar incomparável com qualquer outro produto, ou melhor, pessoa, e faz com que seu nome vire algo incomparável para o público que quer atingir.

Certa vez, atendi na minha mentoria a tricologista Simone Correia. Trabalhando na área da saúde, ela se dedicou anos aos estudos, a fim de refinar as técnicas para atender seus pacientes, mas nunca lhe ensinaram a importância do posicionamento de marca. Ela passou anos trabalhando como se estivesse dentro de uma caixa, sem ter o reconhecimento adequado. A Simone me contou: "As pessoas não valorizavam o meu trabalho, eu não tinha visibilidade. Ao mesmo tempo, me sentia insegura, sem confiança em mim mesma, não sabia como demonstrar o meu conhecimento".[32] Quando ela passou a se posicionar como marca, porém, sua vida se transformou. Ela virou referência nacional na área de tricologia, com uma legião de seguidores nas redes sociais, que é um dos seus canais de posicionamento e venda, teve seu trabalho reconhecido e, mais que isso, valorizado, e foi chamada até mesmo para dar palestras.

O que a Simone fez foi deixar de ser coadjuvante no mercado para se tornar **A** profissional do mercado, com mais oportunidades de mostrar o seu conhecimento e usá-lo para mudar a vida de outras pessoas. Quer algo mais nobre que isso?

Quando as pessoas veem casos consecutivos de sucesso como esse, é comum vir uma pergunta na sequência: "Então, para me posicionar como marca, terei que sair da empresa em que trabalho?". Pois é, eu sei que essa pergunta está rolando na sua cabeça agora. A

---

[32] Simone Correia em entrevista concedida ao autor.

minha resposta é não. Desde que esteja satisfeito e acreditando que lá o seu superpotencial é colocado para a transformação do outro e para a sua própria valorização e reconhecimento, você pode continuar na mesma companhia. A diferença é que você terá um valor de mercado maior, será mais requisitado por recrutadores de outras empresas e expandirá a sua capacidade de independência, podendo ter escolhas, sem ficar refém de apenas um CNPJ comandando como será o seu futuro. Logo, a sua atual companhia pensará: *Ou eu subo o salário desse colaborador, ou ele vai pular fora.* É simples assim.

Quando você se torna perceptível no mercado, outras empresas passam a se interessar, e novas oportunidades surgem também, como ser convidado para dar palestras frequentemente pagas, dar entrevista em um programa de TV, rádio, podcast, ser chamado para fazer consultorias, mentorias, entre outras possibilidades.

Alexandre Borges já era um executivo na área de Tecnologia da Informação, mas, apesar da posição que tinha na empresa, continuava sendo percebido como um técnico pelo mercado. Ou seja, ele não tinha um posicionamento externo bem definido, a despeito do elevado conhecimento em sua especialidade, o que o incomodava muito. Depois de um trabalho para fortalecê-lo como autoridade em temas relacionados a liderança e inovação, áreas cruciais para o mercado atual, sobretudo aos olhos de *tech recruiters*, o Alexandre continuou sendo colaborador de uma empresa, porém alcançou o topo hierárquico em pouco tempo e colheu outros frutos provenientes desse seu novo posicionamento. "Consegui a cadeira de CTO[33] em uma grande gestora de fundos

---

[33] CTO (Chief Technology Officer) é o cargo correspondente a diretor de tecnologia. (N. E.)

QUANDO VOCÊ SE TORNA PERCEPTÍVEL NO MERCADO, OUTRAS EMPRESAS PASSAM A SE INTERESSAR, E NOVAS OPORTUNIDADES SURGEM TAMBÉM.

DO INVISÍVEL AO INESQUECÍVEL
@ricardo.dalbosco

de investimentos. Na área de tecnologia, é o topo que se alcança em uma carreira bem-sucedida. E outras possibilidades se abriram, por exemplo, atuar em conselhos",[34] conta. Assim, ele deixou de ser o Alexandre, técnico experiente da empresa Y, para ser reconhecido como um jovem executivo.

Essa é a tecla em que eu sempre bato: você precisa ser alguém além daquele CNPJ. Lembre-se sempre:

VOCÊ TEM QUE SER O CPF E ESTAR NO CNPJ.

Ou seja, eu sou o Ricardo Dalbosco e estou trabalhando na empresa X. Você que está me lendo é a Maria, o João, a Andrea, enfim, é uma pessoa que está, no momento, na empresa Y. Daqui para a frente, temos que ter em mente essa mudança do verbo "ser" para o verbo "estar", e, enquanto você não assumir isso, continuará em uma dependência tóxica, considerando-se propriedade de alguma instituição. Qual é a sua escolha?

Posicionar-se como marca pessoal ainda trará outros benefícios para a sua vida de realizações. Vou explicá-los.

Liberdade de escolha

Com uma marca pessoal forte, você ganha a oportunidade de escolher onde quer estar, com quem quer estar, o que vai fazer, o que vai dizer, com quem vai trabalhar e assim por diante. Você conquista a sua liberdade de escolha, já que nem sempre a melhor proposta de salário é para onde você quer ir. No livro *Luz, câmera & gestão*, o autor

---

[34] Alexandre Borges em entrevista concedida ao autor.

e amigo Genésio Lemos Couto explica que a carreira é consequência das escolhas que fazemos ao longo da vida. Ela resulta da soma dos acertos e também dos erros, que devem servir de lições para não serem repetidos.[35] Portanto, o problema é quando essas escolhas deixam de existir, e a gente precisa se tornar refém de um sistema, porque não tem para onde ir. Quando eu escolho para onde quero ir, quando eu quero trabalhar porque eu quero trabalhar, tudo muda! A nossa marca pessoal nos torna responsáveis diante dessas escolhas, fazendo com que a decisão seja nossa, e não mais das pessoas ao nosso redor.

Interessados na sua porta

Sabe aquela história de bater de porta em porta – física ou digitalmente – para promover um produto ou serviço e ficar torcendo para alguém se interessar por ele e decidir comprá-lo? Uma marca forte não precisa passar por essa situação, já que inverte o processo de procura e compra. Os clientes, seguidores, recrutadores – seja lá qual for a sua intenção – é que baterão à sua porta. Ou melhor, que irão atrás de você. Quando isso ocorre, seu valor de mercado aumenta, o interesse surge do outro lado, você ganha poder de escolha e é mais valorizado, pois dispara o "gatilho da escassez" (que é quando você tem grande procura, mas pouca disponibilidade, fazendo com que o mercado o dispute).

Redução da intensidade dos medos

Sabe aquele medo de que falamos no capítulo anterior e que tanto paralisa? Quando se constrói uma marca forte, ganha-se

---

[35] COUTO, G. L. **Luz, câmera & gestão**: leveza e criatividade na solução de cases empresariais. São Paulo: Fontenele Publicações, 2020.

também segurança para enfrentar esses medos, sejam eles quais forem. Pode ser o medo de ser demitido, do seu parceiro ou parceira largar você, de não passar naquele processo seletivo de que está participando, de se expor e ser criticado, e assim vai. Não que ele não vá aparecer, afinal "o medo da mudança e a vontade de se conformar são requisitos tribais vitais para a sobrevivência",[36] como afirma Ricardo Semler, no livro *Você está louco!*. Mas, se você só obedece a seus medos e não cria uma estratégia que traga o poder da sua autenticidade para ser visto como um ser único, não estará sendo fiel nem a si mesmo. Nesse caso, a tal da autenticidade vira ilusão. Claro que não se trata de uma segurança blindada, afinal a volatilidade na vida é uma constante, mas você se sentirá mais preparado para encará-los e resolvê-los da melhor maneira possível, colocando-se como protagonista.

Protagonismo na sua vida

Falando nisso, quando você se coloca como uma marca, aprende que as suas escolhas devem vir em primeiro lugar; e a dos outros, em segundo. Ou seja, você passa a ter a capacidades e competência de puxar para si a decisão em sintonia com o que realmente é melhor para você. O Fernando Henriques, que foi meu mentorado, relatou a sua transformação ao se colocar como protagonista da sua própria vida: "Eu sou o meu centro, não é mais a empresa que é. Vejo em mim como tudo pode ser feito diretamente para o meu objetivo e os meus sonhos, não mais para empresa e depois para

---

[36] SEMLER, R. **Você está louco!** Uma vida administrada de outra forma. Rio de Janeiro: Rocco, 2006, p. 11.

mim. Com isso faço mais, e todos ganham",[37] conta ele, que alcançou o posto de conselheiro, consultor, mentor e palestrante.

Valorização de si mesmo

Você entende que tem o direito de dizer "sim" e a capacidade de dizer muito mais "não", longe de aceitar tudo o que as outras pessoas rejeitam ou deixam de sobra para você no mercado. Além disso, a autovalorização lhe dará o poder de acreditar que você pode impactar as pessoas começando esse processo de dentro para fora, e não esperando que o Brasil mude, que o seu mercado se transforme, que o chefe finalmente o enxergue como a solução para então sua vida ser diferente. Agora é o momento de você não ser minimalista no amor-próprio e respeito por si mesmo.

Aumento do seu poder

Para Robert Greene, autor do livro *As 48 leis do poder*,[38] o ser humano tem uma necessidade inata de adquirir poder, independentemente de origem, situação financeira, religião ou qualquer outra coisa. Se há uma semelhança entre os seres humanos, é essa busca pelo poder. Pensando na sua marca, ao gerar valor para uma pessoa, você a está ajudando a resolver uma dor. Quando faz isso, você passa a ser admirado, amado pelo outro, pois ele não quer sofrer. Ou você gosta disso? Não! É natural que as pessoas queiram ficar próximas a quem não lhes faz sofrer, seja qual for a sua dor – física, psicológica, de carreira, da falta de venda, de insegurança. Portanto, ao ajudar o outro a combater um desafio particular ou

---

[37] Fernando Henriques em entrevista concedida ao autor.
[38] GREENE, R. **As 48 leis do poder.** Rio de Janeiro: Rocco, 2020.

corporativo, você exerce o poder sobre essa pessoa. Imagina isso multiplicado por dez, cem, mil pessoas que podem também enxergar em você a solução para seus problemas diariamente? É a multiplicação contínua do seu poder de se tornar o primeiro na mente do seu público-alvo.

TMFC

Esta sigla significa Tempo Médio de Fechamento Contratual (TMFC). É o tempo que um contratante leva para decidir se contrata uma empresa ou um serviço. Quanto menor for esse tempo, melhor será para você girar o negócio, antecipar o faturamento e trazer novos negócios e oportunidades para dentro da empresa, colocando sua energia, seu tempo e seu dinheiro em novos fechamentos, e não nas inúmeras tentativas de fechar um negócio, o que causa desgastes e custos.

Imagine que você é palestrante, e aquela multinacional peça um orçamento para um evento. Se ela passa meses analisando a proposta, isso tem um impacto gigantesco na sua agenda. Saiba que muitas delas demoram um grande tempo analisando essa contratação não porque duvidam da sua competência ou se o seu produto é realmente válido, mas, sim, porque estão desconfiadas com relação a quem você é. Quando você constrói uma marca pessoal forte, inverte essa situação, pois, ao chegar à mesa de negociação, eles já sabem quem você é. A empresa vem até você, ela quer comprar da sua marca, ela tem certeza de que o seu produto ou serviço é o que ela precisa. Logo, esse TMFC diminui.

Quer refletir sobre o seu negócio? Então me responda:

Quanto tempo um contratante demora para fechar com você, em média?

Desse total, por quanto tempo o contratante está de fato avaliando sua solução?

E por quanto tempo ele está avaliando se dá para confiar em você?

O poder da sua marca pessoal aproxima-o do comprador, gerando segurança e eliminando muito tempo da terceira etapa. Ou seja, quando se sentam com você, a decisão já está tomada.

CRIAÇÃO DA MARCA PESSOAL

Desde que eu descobri que o Ricardo Dalbosco (sim, eu mesmo) deveria ser uma marca forte, passei a estudar diferentes caminhos para esse fim. De todos que estudei, modelei, testei, pratiquei, o mais eficiente e mais acessível era por meio das redes sociais. Você já parou para pensar como essa ferramenta tão poderosa está ao seu alcance e como ela pode se transformar em uma peça de valorização de si mesmo?

ESTAR NO AMBIENTE ON-LINE É UMA MANEIRA DE AUMENTAR EM ESCALA A CONSCIÊNCIA DAS PESSOAS SOBRE O SEU TEMA E SOBRE VOCÊ.

No capítulo 2, falei de como o acesso à informação mudou toda a dinâmica da nossa sociedade. Se qualquer pessoa hoje tem a oportunidade de acessar conteúdo do mundo todo, então está na hora de alcançar essas pessoas por meio do seu conhecimento.

"DALBOSCO, JÁ TEM MUITA GENTE NA INTERNET, EU SEREI SÓ MAIS UM."

Vivemos em uma era em que influenciadores parecem se multiplicar todos os dias. Porém, em um passo ainda mais largo, cresce o número de usuários das redes sociais. No Brasil, temos 144 milhões de usuários de redes sociais. Só o Linkedin, a rede mais profissional que temos, acumula 68 milhões de membros registrados. O Instagram tem 134,6 milhões.[39] Isso só no território nacional!

Mas o seu alcance pode ser maior ainda, pois você pode atingir pessoas de outros países. O Alexandre Taleb, consultor de imagem referência nacional e com milhares de seguidores nas redes sociais, pensou nisso. Ele já tinha um posicionamento forte no off-line, lecionando em nove faculdades brasileiras, já tinha dado aula na França e até feito palestras no exterior, mas a sua presença nas redes sociais era quase nula. De olho nesse mercado global, fez todo um trabalho voltado para o fortalecimento de marca, e sua reputação mudou. Segundo ele, "No on-line, foi possível ter uma gama maior de pessoas que me acompanham, não apenas no meu país, mas no exterior também, gerando mais engajamento".[40] Assim, em seu currículo, ele conseguiu colocar mais uma competência: palestrante internacional!

E você nem precisa que todas as pessoas que estão na internet consumam seus conteúdos. Se uma pequena parte o ouvir, você já tornou a sua marca pessoal mais poderosa, influenciando decisões e

---

[39] KEMP, S. Digital 2024: Brazil. **Data Reportal**, 23 fev. 2024. Disponível em: https://datareportal.com/reports/digital-2024-brazil. Acesso em: 18 abr. 2024.

[40] Alexandre Taleb em entrevista concedida ao autor.

agregando valor por meio da sua visão de transformação. Mas, para isso, você tem que criar autoridade moral, mesmo muitas vezes não sendo o melhor tecnicamente.

Nos tempos atuais, o interlocutor da mensagem tem um peso maior do que a mensagem em si. É uma conta simples de entender: se você faz um vídeo agora e um pensador muito famoso, como o Clóvis de Barros Filho, faz o mesmo vídeo, com o mesmo conteúdo, quem terá mais visualizações? E impacto? E atitudes tomadas a partir da mensagem deixada? Provavelmente o Clóvis, que pode até explodir com esse vídeo, e você, não. Ora, se o conteúdo é o mesmo, o que define o sucesso da mensagem é o mensageiro. Ele faz toda a diferença. As pessoas confiam no Clóvis porque ele tem uma marca pessoal forte a qual remete segurança nas atitudes que indica por meio de sua fala.

O problema é que boa parte das pessoas ainda não enxerga a potencialidade das redes sociais como meio para o fortalecimento da sua imagem profissional, e sim como um lazer. Isso é uma tremenda perda de tempo e também de oportunidades. Veja o gráfico abaixo:

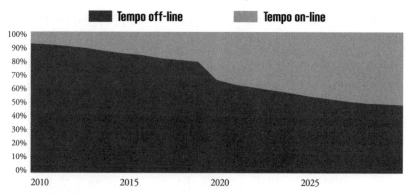

Fonte: https://research.ark-invest.com/hubfs/1_Download_Files_ARK-Invest/White_Papers/ARK_BigIdeas2022.pdf

A marcação em cinza-claro mostra o tempo que as pessoas permanecem on-line no seu tempo livre, enquanto o cinza-escuro mostra o tempo off-line. Por tempo livre entende-se aquele em que não se está trabalhando. Repare que, em 2010, havia 10% de tempo na internet e 90% fora dela. Em 2020, antes da pandemia de covid-19, o tempo médio on-line subiu para 38%. Agora, repare a projeção para 2030. A média vai passar para 52%, ou seja, mais da metade do tempo livre das pessoas no mundo será usado em algum ambiente on-line.

Se as pessoas estão cada vez mais conectadas, você tem que aproveitar para apresentar o seu conteúdo a elas. É a oportunidade de criar conexão com quem mais importa. Com um clique, você chega rápido ao público com que quer falar, afinal não precisa de uma intermediação entre as partes, como acontecia há duas, três décadas, em que só se conseguia chegar ao seu público-alvo por meio de campanhas caras na televisão, no rádio e nos jornais, ou então gastando muita sola de sapato, batendo de porta em porta ou colocando fichas no "orelhão" para prospecção. Parece que faz muito tempo, mas essa era a realidade há apenas vinte ou trinta anos. É uma verdadeira mina de ouro!

Mas, inconsciente do seu poder de marca, você acaba sempre deixando para depois. Daí surgem as mais diferentes desculpas para justificar o post que não foi feito:

- Estou me organizando para começar no ano que vem;
- Quero fazer um curso e depois começar a trabalhar a minha marca pessoal;
- Na segunda-feira eu começo (o clássico dos procrastinadores);
- Estou planejando tudo aqui na minha cabeça para depois colocar no papel;

- Quando me tornar CEO, eu conseguirei criar meus conteúdos, pois terei mais tempo.

E assim vai...

Se você não tem objetivos bem definidos, acaba procrastinando e não vai em frente para alcançar o que diz serem seus objetivos. Aí faz um post hoje, outro na semana que vem, depois demora um mês para aparecer de novo e acredita que o mundo tem a missão de lhe encontrar em alguma "caverna" escondida. Pense comigo: fazer um post por mês é ter apenas 12 pontos de controle por ano com a sua audiência, que é o público que você quer atingir. É ridículo e ineficaz.

Essa falta de planejamento é um erro cometido por muitas pessoas. Leandro Oliveira, fundador e diretor executivo da WeDigit Consulting LLC, mudou o seu posicionamento quando aprendeu a sistematizar a sua construção de marca pessoal. "O meu desafio estava ligado ao tempo de qualidade para planejar e executar conteúdos que pudessem fortalecer a minha marca pessoal. Quando aprendi com o Dalbosco a maneira correta, passei a enxergar claramente uma comunidade e pessoas com diferentes perfis que consomem o conteúdo que disponibilizo",[41] conta Leandro.

Por isso é que criar sua marca pessoal exige estratégia, tempo e dedicação. Não existe recompensa imediata. Se essa é a sua intenção, pode mudar essa ideia desde já. Sabe uma comida bem-preparada, daquelas inesquecíveis? Ela leva tempo para ser feita, mas no final o sabor e a lembrança que você tem daquele momento valem uma vida inteira. Pense nisto quando estiver trabalhando nas suas redes sociais:

---

[41] Leandro Oliveira em entrevista concedida ao autor.

O TEMPO DE DEDICAÇÃO VAI DETERMINAR A FORÇA DA SUA MARCA NO FUTURO.

O método que criei, e que você aprenderá nas próximas páginas, fará com que a criação dessa marca forte não vire um problema na sua vida, e sim a solução. Ele é dividido em duas partes: a primeira está voltada ao seu processo interno enquanto marca, como você precisa se conscientizar do seu potencial para virar uma referência na sua área. A segunda é o processo externo que você usará para atrair a atenção das pessoas e criar autoridade.

"AH, DALBOSCO, MAS EU NEM SEI AINDA AONDE QUERO CHEGAR."

Ok, você não precisa saber exatamente aonde quer chegar, pois ainda está inconsciente da sua real capacidade e sob pressão de inúmeros dizeres de quem esteve à sua volta em sua trajetória de vida. É uma carga que vem embebida de crenças limitantes, medos e inseguranças. Entretanto, certamente você tem certeza do que não quer de modo algum daqui para a frente, e isso já o deixa com um campo a explorar, uma direção a seguir, sendo que, ao longo da caminhada, vai corrigindo a rota.

"O pior naufrágio é não partir", repete Amyr Klink em suas palestras.[42] Ele é uma das pessoas que mais sabe a importância de se tornar protagonista da própria vida, mesmo que isso signifique se lançar ao desconhecido, com receio, mas com a certeza de que é a única maneira de existir e estar vivo ao mesmo tempo, já que muitos passarão por aqui, mas serão insignificantes na sua capacidade de transformação interna e externa.

O maior presente que se pode dar em vida é construir a sua marca pessoal, pois isso abre o seu caminho para um mundo de oportunidades e escolhas, e deixa a vida de quem vem em seguida mais fácil pelas condições que você criou. Aí você entende o valor que tem e que pode, sim, vestir aquela camisa chamada legado, a qual é a forma de você continuar vivo, mesmo que seja na memória das outras pessoas. Você está pronto para essa virada?

---

[42] DUBEUX, A. As lições de Amyr Klink. **Correio Braziliense**, Brasília, 6 out. 2019. Disponível em: www.correiobraziliense.com.br/app/noticia/opiniao/2019/10/06/internas_opiniao,795214/artigo-as-licoes-de-amyr.shtml. Acesso em: 18 abr. 2024.

CAPÍTULO 6: OLHAR PARA DENTRO — CONSCIÊNCIA DE MARCA

Cupertino, Vale do Silício (EUA)

Terminei o último capítulo com uma pergunta. Se você resolveu virar a página e chegar até aqui, é porque tem atitude e está pronto para essa transformação. Os meus parabéns, pois entendeu como a marca pessoal pode ajudar a potencializar a sua vida profissional e pessoal, e ficarei feliz ao receber uma mensagem sua nas minhas redes sociais, marcando este momento em que você decidiu ser o CEO da própria vida. Nos QR Codes a seguir você tem acesso aos meus perfis. Aguardo seu contato.

LINKEDIN
www.linkedin.com/in/ricardo-dalbosco-marketing-pessoal-branding-marca-pessoal-conselheiro-palestrante/

INSTAGRAM
www.instagram.com/ricardo.dalbosco/

Bom, vamos seguir em frente. Sabe por que eu digo que isso é uma transformação? É que trabalhar o poder da sua marca não é só fazer um post na internet, vai muito além disso. Esse ponto de inflexão começa com o autoconhecimento, a valorização de si mesmo ao conhecer seus pontos fortes para intensificá-los (lembra-se disso?), os fracos para mitigá-los e, a partir daí, criar um plano para oferecer ao público-alvo o seu melhor.

Esse exercício de autoconhecimento pode incluir até uma viagem ao início da sua carreira. Denison Dias, executivo de uma das maiores montadoras de veículos do mundo, fez esse exercício como uma maneira de olhar para si mesmo e se entender. Depois de tantos anos trabalhando para um CNPJ, ele precisou se afastar de si mesmo e se observar em terceira pessoa para reencontrar suas pequenas e grandes conquistas, de maneira a entender como suas decisões e atitudes se alinhavam com seus valores internos. Nesse processo, ele entendeu que ser uma marca não dependia só da sua competência, mas também do olhar do outro sobre ele. "Antes, eu queria cobrar das pessoas que me vissem como eu achava que elas deveriam me ver. Eu achava que as qualidades, os pontos fortes que eu identificava em mim seriam automaticamente reconhecidos por todos ao meu redor. Eu não praticava o exercício de me olhar de dentro para fora e de fora para dentro",[43] contou-me.

Denison é um exemplo de que, enquanto você não enxergar a si, criando consciência sobre a importância de se ver como uma marca, dificilmente terá forças para continuar firme nesse propósito. É mais inteligente e produtivo você curtir a jornada e construir uma marca pessoal que seja respeitada e valorizada por você em primeiro plano, para depois impactar com confiança e segurança o seu público por meio da geração de valor.

Mais do que oportunidade, você perceberá que marca pessoal é responsabilidade, já que você vai inspirar outras pessoas, sendo o comandante da própria vida antes de tudo isso. Por isso, o primeiro passo para construir a sua marca pessoal é ter respeito e paixão por

---

[43] Denison Dias em entrevista concedida ao autor.

MAIS DO QUE OPORTUNIDADE, VOCÊ PERCEBERÁ QUE MARCA PESSOAL É RESPONSABILIDADE.

DO INVISÍVEL AO INESQUECÍVEL
@ricardo.dalbosco

si mesmo. É pensar que **OS ESTÍMULOS QUE VOCÊ CRIA AGORA SERÃO FUNDAMENTAIS PARA O SEU FUTURO SUSTENTÁVEL**. Como a frase que marca o filme Gladiador: "O que fazemos em vida ecoa na eternidade".[44]

Todos nós temos três direções que podemos escolher para guiar a nossa vida:

DIREÇÕES	PENSAMENTOS COMUNS
Para o passado	• *Antes a minha vida era melhor;* • *O meu emprego era melhor;* • *Eu era mais feliz trabalhando com aquela equipe;* • *Aquela época era tão boa.*
Para a frente	• *Lá na frente, eu vou ser feliz;* • *Quando minha aposentadoria chegar, eu realizarei meus sonhos;* • *Um dia a minha oportunidade de ser feliz chega.*
Para dentro	• *Eu tenho a capacidade de ser feliz agora;* • *Eu vou usar meu conhecimento para crescer profissionalmente;* • *Darei o melhor de mim para criar a minha marca pessoal;* • *Eu consigo tudo o que eu quero;* • *O meu legado está baseado no que eu faço no presente.*

---

[44] GLADIADOR. Direção de Ridley Scott. Burbank: DreamWorks SKG, 2000. DVD (155min).

Agora é o momento de você escolher olhar para dentro na primeira fase de maturidade da consciência para se entender como uma marca pessoal. Seja estratégico nessa consciência para impactar mercados e pessoas. É o que fiz quando decidi ter uma virada em minha vida. Falando nisso, vou contar uma questão pessoal.

O legado que meus pais vão me deixar é que eu não posso acreditar que determinada coisa não é para mim. Aquela casa, aquele carro, aquele emprego, aquele palco, aquele impacto, tudo eu posso conseguir. Isso é uma fortaleza gigantesca dentro de mim. Não existe "isso não é para mim", "não sou capaz", "é muita areia para o meu caminhãozinho". Ora, se está difícil de carregar, eu faço duas, três viagens, mas não deixo de levar!

Leve isso com você ao criar a sua marca pessoal. Se eu consegui, se meus mentorados conseguiram, por que você não vai conseguir? Olhe para dentro de si, pense na sua força interior, pense nas suas capacidades, pense em como pode ajudar o outro. Essa autoanálise será fundamental para você seguir na jornada.

Existe um conceito na Psicologia que se chama síndrome do impostor. Apesar de não ser classificado como doença mental pela Organização Mundial da Saúde (OMS), é algo já bem estudado. Trata-se de uma desordem psicológica que é caracterizada por pensamentos que levam à falta de confiança em si mesmo e à sensação de que você não é capaz nem bom o suficiente para estar no cargo em que está. Com isso, fica a sensação de fraude, de que a qualquer momento alguém vai descobrir que você não é tão bom como os outros pensam que é. Com medo, você se autossabota e deixa de reconhecer e valorizar sua trajetória, incluindo as suas conquistas e capacidades.

Vejamos o caso do Adriano Pini. Ele era um profissional da área de Controladoria que, passando por um momento pessoal muito delicado, somado ao encerramento de um ciclo de mais de catorze anos em uma empresa, se colocou em uma situação em que nem ele acreditava em si próprio. Tomado por esse sentimento e pelo medo, ele se sabotava o tempo todo, colocando-se em uma posição de incapaz, mesmo incomodado e achando que poderia muito mais. A sua força de ir em frente não era suficiente para combater os pensamentos de derrota. Até mesmo quando entrou para a minha mentoria, o medo o perseguia. Dessa vez, achava que não teria capacidade de executar as orientações e que voltaria facilmente ao seu estado anterior.

Sair dessa situação exigiu dele um mergulho profundo para se autoconhecer e acreditar mais no seu potencial. Tanto que conseguiu abrir uma empresa conciliando a carreira corporativa com as mentorias e palestras que dá pelo país. Mas o medo dele simplesmente sumiu? Vou deixar que ele mesmo conte:

> Eu tive uma revolução na vida, e muita coisa mudou. Continuo com medo, mas ele deixou de me dominar. Em um ano e meio, eu consegui um novo emprego, fiz tatuagem, tirei habilitação de moto – algo que nunca tive coragem de fazer –, andei de balão, pulei de paraquedas, comecei a lutar jiu-jitsu e criei minha empresa. Amo o que estou descobrindo, e meus sonhos não são mais distantes, porque agora sei que só depende de mim.[45]

---

[45] Adriano Pini em entrevista concedida ao autor.

Enquanto se sabotava, o Adriano não conseguia seguir em frente. Somado a isso, ainda existe o medo do julgamento alheio. Muitos não seguem em frente na marca pessoal, pois têm medo do julgamento dos outros. Claro que haverá pessoas criticando a sua exposição, falando que isso é coisa de jovem, que você virou um blogueirinho ou uma blogueirinha, rindo do baixo engajamento no início, dizendo que você não precisa disso. De repente, você se vê envolvido em uma bola de neve gigantesca de provocações, críticas e pensamentos negativos, e passa a acreditar mesmo que isso não é para você.

Vamos fazer um combinado aqui, só entre nós? Não deixe que o seu julgamento próprio e, principalmente, o julgamento dos outros o afastem de criar sua marca. Os atuais agressores digitais ofendem porque não têm argumentos sólidos para um debate sábio e sadio. Se eu tivesse ligado para o que as pessoas estavam falando de mim, não estaria escrevendo este livro agora, não teria me tornado palestrante internacional nem virado referência em criação e fortalecimento de marca no país.

Essa marca forte que você cria, inclusive, vai protegê-lo de quem o julga. Sun Tzu, no clássico *A arte da guerra*, diz que "na guerra, o general recebe suas ordens do soberano. Tendo reunido um exército e concentrado suas forças, deve combinar e harmonizar seus diferentes elementos antes de estabelecer seu acampamento".[46]

"DALBOSCO, O QUE ISSO TEM A VER COM MARCA PESSOAL?"

---

[46] TZU, Sun. *A arte da guerra*. São Paulo: Évora, 2011, p. 97.

Respondo, claro: muitos profissionais apenas decidem ir para a guerra, mas não se preparam criando uma plataforma que sustentará o ataque, não pensam em estruturar corretamente sua proteção, sua consolidação e seu poder de decisões. Essa plataforma eu chamo de marca pessoal. Ela é a sua base para ataques e defesas de qualquer guerra que precisar enfrentar.

AUTORIDADE É O TOPO

O processo para a criação da sua marca pessoal é evolutivo. Chamo-o de Pirâmide da Marca Pessoal. Veja a imagem abaixo:

Criei essa pirâmide para exemplificar de maneira simples as cinco fases do fortalecimento da sua marca na dinâmica atual do mercado digital. Cada uma delas tem seu papel de importância nessa jornada. Vou explicá-las.

Visibilidade

Base que sustenta a sua pirâmide nesta Era Digital. É quando você começa a atrair as pessoas, ou seja, elas passam a reparar em você, nos seus posts, nos seus comentários, visitam seu perfil e querem descobrir mais sobre quem você é. É o famoso "você precisa ser visto para ser lembrado".

Respeito

Ao produzir conteúdo com frequência, sendo visto para ser percebido como deseja e se posicionando, começa a gerar valor de uma maneira que as pessoas passam a respeitar você na sua área.

Admiração

Como consequência do seu conteúdo relevante e da frequência de pontos de contatos da sua imagem com o seu público-alvo, você ganha admiração do mercado por começar a inspirar muitos que gostariam de ser como você.

Reputação

O próximo passo é conquistar reputação. Mais pessoas entendem que você é a pessoa certa para falar daquilo, e mesmo aquelas que não o seguem já têm o seu nome em mente. Você tem uma história percebida e relevante perante o seu público-alvo.

Autoridade moral

É o ápice da sua marca pessoal. É a fase de maior significância na sua vida, quando você consegue ter mais impacto por meio do seu propósito e começa a construir um legado ainda maior. No mercado, é se tornar *top of mind*: você é o primeiro que vem à mente das pessoas dentro da sua área, pois a sua construção de marca o levou a esse topo.

Para chegar a essa autoridade, dois fatores serão fundamentais:

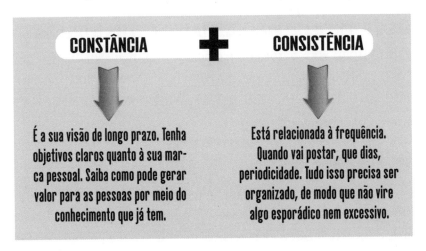

Ninguém desenvolve uma vida impactante em termos de geração de valor ao outro sem constância e consistência. Marcas pessoais de sucesso, inesquecíveis, memoráveis e marcantes estão alicerçadas na consistência de como você é diferente e na constância dos impactos na mente do potencial consumidor. Do contrário, você para na base da pirâmide, lá na visibilidade, e não vai passar de uma pessoa que posta alguns conteúdos na internet e enche-se de "métrica de vaidade", contando apenas curtidas e nada gerando de transformação ao seu potencial consumidor. Vamos combinar que você não chegou até aqui para isso, né? Não dá para se contentar em só se tornar visível, é preciso ir além. Você tem que continuar a construir a sua marca pessoal, porque é ela que vai lhe acompanhar até o fim da vida. Todas as outras conquistas podem ser transitórias, mas essa está no grupo dos sucessos permanentes. E, se é assim, você precisa dar tudo de si para ser o protagonista da própria vida.

Se você não construir esse caminho até o topo da pirâmide, vai ficar à mercê de que os outros direcionem a sua vida. Afinal, **OU VOCÊ TRANSFORMA A SUA MARCA PESSOAL EM UM ESTILO DE VIDA, OU ESTÁ FERRADO.**

Quando você se torna referência para o mercado, alguém que passa confiança, alguém que cria conteúdo relevante, você transforma a sua vida. Essa transformação que você já me mostrou que está pronto para começar!

VOCÊ É UM FUNIL DE VENDAS

Vou lhe propor um exercício rápido. Abra o seu Linkedin — espero que você já tenha um, senão crie agora mesmo o seu perfil nesta rede de oportunidades! — e observe as suas últimas dez publicações. Do que se tratam os posts? Quais foram os conteúdos gerados para a sua audiência? Se você está entre a maioria, falou de si próprio. Os novos cursos que fez, os eventos de que participou, o prêmio que ganhou, a viagem a trabalho, os resultados alcançados no último projeto ou o tradicional post de mais um ano na empresa agradecendo ao chefe pela oportunidade. Caso faça apenas esse tipo de conteúdo, você se enquadra naquele pensamento de que falamos no capítulo anterior, de que redes sociais só se destinam ao lazer. E esse é um erro comum.

Pense bem: esse conteúdo todo é interessante para quem? Para você mesmo e, em alguns casos, para a empresa em que trabalha.

"DALBOSCO, ENTÃO EU NÃO POSSO FALAR SOBRE MIM?"

Imagino a sua cara de espanto caso seja uma prática comum no seu posicionamento digital. Claro que pode, afinal isso mostra as suas conquistas, a sua busca pelo aprendizado, a sua movimentação enquanto profissional. O que eu digo é que não tem que ser só isso. A sua construção de autoridade moral nunca vai acontecer alicerçada só no eu, mas existe o momento adequado para falar sobre isso.

Para criar relevância no mercado, apresente valor antes de apenas remeter um currículo para a sua audiência ou mesmo querer empurrar uma solução (produto ou serviço) que fale apenas de você, e não de como resolve o problema do outro lado. Produza conteúdos relevantes ao seu público-alvo e fale menos de você e mais do que pode mudar positivamente na vida das pessoas físicas e jurídicas que quer atingir. Quando você gera valor, as pessoas se sentem gratas por isso e têm vontade de permanecer ao seu lado ao longo da jornada. Dessa maneira, você funciona como um poderoso funil de vendas.

Esse conceito estratégico é muito utilizado no mercado para as empresas planejarem a comunicação com atrativo de venda. Cada parte do funil representa as etapas que um potencial cliente passa desde o momento em que ele conhece a empresa (ou você) até a decisão de comprar o produto. Ele é dividido em três etapas: a primeira é o topo do funil, momento em que o possível cliente descobre que tem uma necessidade ou problema a ser resolvido, após ter contato com um conteúdo oferecido por uma empresa ou ser apresentado a um produto. Pode ser também que ele já tenha

A SUA CONSTRUÇÃO DE AUTORIDADE MORAL NUNCA VAI ACONTECER ALICERÇADA SÓ NO EU.

DO INVISÍVEL AO INESQUECÍVEL
@ricardo.dalbosco

identificado o desafio a resolver, mas ainda não tenha se aprofundado em buscar informações sobre possíveis soluções. A segunda etapa é o meio do funil, quando o cliente entende como resolver o problema e já passa a conhecer você. O fundo do funil, a terceira etapa, é a decisão da compra do produto.

Quando você está pensando em si como marca, também precisa ter em mente a estrutura do funil de vendas, guiando a sua audiência para que ela participe do processo até o fim.

Na construção da identificação da sua marca, o funil funciona da seguinte maneira:

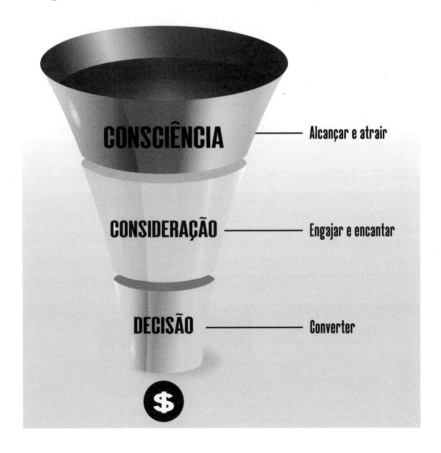

Consciência

O mercado ainda não o conhece, então você precisa chamar a atenção das pessoas e fazê-las entender que têm uma dor ou um problema, como queira chamar, dentro da sua área de atuação, e que você é a pessoa certa para resolver esse desafio. Essa etapa é muito importante, porque é a isca para alcançar e atrair mais audiência. Aqui, você fala mais do problema do que de si.

Consideração

Nesta etapa, as pessoas vão considerar se você é mesmo a pessoa de que elas precisam e se a sua solução é a ideal para elas. É hora de reforçar a sua autoridade para engajar e encantar o público.

Decisão

É a etapa da conversão. A pessoa já entende o seu conteúdo, enxerga-o como autoridade na área e está pronta para consumir o seu produto, para indicá-lo para outras pessoas e, se estiver vendendo algo, para comprar. Entenda que produto não tem que ser uma mercadoria. Pode ser uma palestra, uma consultoria, uma mentoria, um curso, convites para entrevistas na mídia, parcerias, vaga de emprego e por aí vai.

Como você viu, ser uma marca exige uma consciência estratégica que começa com você mesmo se enxergando como tal. Colocar-se dessa maneira e tornar-se visível pode até incomodar, afinal você vai precisar sair do *statu quo*[47] e encarar uma nova realidade. Será um mergulho profundo em si mesmo, mas valerá a pena. Você encontrará uma pessoa muito mais capaz, muito mais poderosa do que aquela que começou a ler este livro. Acredite!

---

[47] *Statu quo* significa o estado das coisas. No texto, sair do *statu quo* se refere a sair da situação atual (N. E.).

CAPÍTULO 7: OLHAR PARA FORA — ESTRATÉGIA DE MARCA

Palo Alto, Vale do Silício (EUA)

Agora que você já se entende como uma marca, está na hora de ser percebido como tal pelas outras pessoas. Quem está de fora só vai reparar em você se você mostrar o que sabe fazer e elas enxergarem algum valor nisso. Ficar apenas falando no Linkedin, no currículo ou em grupos de networking que você tem mais de vinte anos de experiência quando for se apresentar não dá mais camisa para ninguém. Se não entregar algo que resolva o que as pessoas estão buscando, elas nunca vão percebê-lo como você deseja. Essa entrega de valor é um passo fundamental para criar autoridade e fazer com que o público que você quer atingir percorra o funil de vendas, que apresentei no capítulo anterior, do começo ao fim, chegando à fase de decisão.

Existem muitas estratégias que trabalho com meus mentorandos para chegar a esse objetivo, mas o que eu quero é que você comece já a fortalecer a sua marca pessoal. E não existe caminho mais acessível do que a geração de conteúdo relevante por meio das redes sociais para que você seja visto como a solução. Já falamos bastante neste livro sobre as redes sociais, inclusive mostrei números que comprovam como as pessoas estão cada vez mais consumindo o conteúdo que por lá circula. A influência que as publicações exercem nas pessoas só cresce. Uma pesquisa realizada em 2023 pela *OpinionBox* mostrou que 74% dos consumidores utilizam as redes sociais para buscar informações sobre os produtos que desejam comprar, e 72% as usam para fazer compras.[48]

Mesmo que, por enquanto, não pretenda vender produtos ou serviços, você, que lê este livro agora, é o produto a ser consumido pelas pessoas físicas e jurídicas. Então imagine como essa ferramenta pode ser uma aliada para elevar a sua autoridade e fortalecer a sua marca pessoal. Esse assunto é tão importante que o meu curso on-line para aumento da visibilidade e relevância no Linkedin tem sido estratégico na projeção de profissionais. No QR Code a seguir, você pode ter mais informações.

Porém, você precisa saber chamar a atenção das pessoas certas. Em tempos de tantos conteúdos disponíveis nas redes sociais, o ativo mais importante é a atenção. As pessoas precisam reparar que você é o profissional ideal para resolver algum problema dela ou até mesmo para despertar nela a percepção de que tem um problema que limita sua progressão. Nesse jogo, sai na frente quem se torna melhor percebido usando uma estratégica sólida nessa construção.

---

[48] ANDRADE, M L. Pesquisa social commerce: tudo o que você precisa saber para vender nas redes sociais. **OpinionBox Blog**, 15 mar. 2023. Disponível em: https://blog.opinionbox.com/pesquisa-social-commerce/. Acesso em: 12 jan 2023.

Ser estratégico é agir na vanguarda das suas decisões em que alocará tempo, dinheiro e energia no fortalecimento do poder do seu *branding* pessoal, assumindo a liderança da própria carreira e se distanciando dos colegas que ficaram com um perfil mediano, reclamando do mercado. Se errar ou for mal guiado nesse planejamento, errará na execução. Não há milagres quando se trata de marca e construção de autoridade moral: você precisa começar pelo básico e bem-feito. É o que chamo de Método FCA: Feijão com Arroz, mas que muda vidas há muitos anos. Logo mais detalharei aqui o passo a passo de como você realizará essa evolução.

CONTEÚDO RELEVANTE E PÚBLICO-ALVO

Um conteúdo relevante é aquele que tem alguma utilidade para o leitor, aquele conteúdo que se torna interessante por gerar algum benefício para quem está lendo, seja porque soluciona um problema, resolve uma dúvida, ensina algo, encoraja-o a fazer algo, seja porque proporciona reflexão e transformação. Fazer um texto, um vídeo, um *story*, um *reels*, tudo isso pode ser explorado como conteúdo relevante. A expressão de ordem aqui é gerar valor: a tecla em que eu bato desde o começo deste livro.

QUANDO VOCÊ GERA VALOR, CRIA NO SEU PÚBLICO-ALVO UM INTERESSE PARA CONTINUAR CONSUMINDO O SEU CONTEÚDO, POIS MOSTRA QUE TEM A SOLUÇÃO PARA OS PROBLEMAS DELE.

SER ESTRATÉGICO É AGIR NA VANGUARDA DAS SUAS DECISÕES.

DO INVISÍVEL AO INESQUECÍVEL
@ricardo.dalbosco

E mais: cria uma proximidade a ponto de fazer com que o público se sinta em dívida com você. Para compensar, ele passa a curtir o seu conteúdo, compartilhar os seus posts, comentar em suas publicações e, um dia, entrará naquele funil de que falamos anteriormente. E mesmo que ele nunca compre um produto seu, só o fato de interagir e consumir seu conteúdo aberto das redes sociais já vai ajudar muito, afinal essas redes são orientadas por algoritmos. Quanto mais engajamento você tiver, maior também será a entrega de suas publicações a perfis geralmente similares ou com as mesmas intenções de busca e compra. O que isso significa? Mais pessoas tendo acesso ao seu conteúdo e conhecendo você.

O primeiro passo para começar a produzir esse material rico é saber com quem está falando. Entender o seu público é uma etapa anterior e necessária à produção de conteúdo. Sem isso, você não saberá quais assuntos são mais atraentes, consequentemente, não conseguirá criar sua trilha efetiva para trabalhar os assuntos ou criará uma trilha confusa e ficará atirando para todos os lados. Entenda como público-alvo os seus clientes específicos, aqueles em que você concentra seu produto ou serviço. Ele engloba uma parcela de pessoas com algumas características comuns, como idade, gênero, localização, problemas, entre outros.

Para escrever meu livro *Personal branding para profissionais da saúde*,[49] em parceria com a Andryely Pedroso, nós fizemos um levantamento aprofundado das técnicas para identificar esses perfis específicos. Depois de muito debater o assunto, chegamos à con-

---

[49] PEDROSO A.; DALBOSCO, R. **Personal branding para profissionais da saúde**: como posicionar sua marca pessoal e ganhar autoridade. Santa Catarina: The Personal Branding Studio, 2023.

clusão de que definir o público-alvo não começa olhando para com quem você quer falar, mas, sim, olhando para si mesmo. Esse é um questionamento que poucas pessoas fazem.

Perguntas como "Por que eu quero começar a me comunicar?", "Esse motivo me alavancará à transformação que quero proporcionar?", "Para quem eu tenho perfil para vender ou para falar?" são fundamentais nesse processo, porque você pode até querer falar com o público AAA, mas, se tiver um perfil mais popular, provavelmente não conseguirá atingir essas pessoas. O contrário também pode acontecer, seu perfil é de um público com mais poder aquisitivo, mas você cisma em falar com público mais popular. Fazer o que se sente bem e para o público com o qual tem mais empatia é um diferencial competitivo enorme na busca por sinergia no começo da sua projeção de marca, já que grande parte dos seus concorrentes tentam dar tiro para todos os lados após ativar o botão do desespero de mercado. Trabalhar para seu público com conforto e segurança permite que você seja autêntico e se conecte de maneira verdadeira com sua audiência.

O JOGO NÃO ESTÁ EM SER O MELHOR, MAS EM SER ÚNICO. CONSEQUENTEMENTE, O PRIMEIRO LUGAR DO PÓDIO TORNA-SE SEU, JÁ QUE VOCÊ OCUPA O POSTO DE SER INCOMPARÁVEL.

Afinal, como comparar algo que é único? Depois que você encontrar a resposta para essa questão, é hora de estreitar mais esse grupo no qual você quer causar impacto e vender sua mensagem para aumentar oportunidades na carreira, convites ou negócios.

A minha dica é investir em um nicho de mercado. Para escolher esse nicho pensando no público com o qual você fala melhor, observe as suas habilidades. Marcas fortes surgem baseadas no que você faz de melhor e que está alinhado com os seus valores humanos mais fortes e o seu propósito de vida. Então, se você é um confeiteiro, e sua habilidade é fazer coberturas em pasta americana, entenda que seu público-alvo são as pessoas que têm dificuldades com essa técnica e precisam aprender ou aquelas que querem aprimorar o que já sabem.

Muitos falham nessa etapa, gastando enorme energia em querer transformar os pontos fracos em pontos fortes. Você será conhecido como uma marca requisitada pelo que faz de espetacular ou impactante ao outro, e não por meio do que faz mais ou menos. Portanto, vá refinando o perfil que você encontrou. Essa observação ativa foi o que ajudou a Juliana Oliveira, minha mentorada e sócia-diretora no Seeds of Dreams Institute, de Orlando, na Flórida, a identificar corretamente o seu público, além do conteúdo que eles gostariam de consumir. "Fui observando o meu público e o que ele queria ver e aprender comigo. Hoje entendo muito melhor as pessoas que me seguem e consigo conversar com eles de uma maneira muito eficiente e que gera resultados para ambos os lados",[50] contou-me. Mas ela faz um alerta importante: "Nada acontece do dia para a noite". É preciso testar, tentar várias vezes, conversar com quem está

---

[50] Juliana Oliveira em entrevista concedida ao autor.

VOCÊ SERÁ CONHECIDO COMO UMA MARCA REQUISITADA PELO QUE FAZ DE ESPETACULAR.

DO INVISÍVEL AO INESQUECÍVEL
@ricardo.dalbosco

seguindo você, observar o engajamento até achar o público certo, o melhor conteúdo e até mesmo o tom que vai usar para se comunicar com essas pessoas.

O QUE VOCÊ VAI ESCREVER

Conhecido o seu público-alvo, começa a surgir a grande dúvida da maioria das pessoas: "O que eu vou escrever?". Essa é uma dúvida e um medo muito comum das pessoas. Quando eu sugiro para os meus mentorandos fazerem uma publicação por dia, eles me olham com espanto. Depois imaginam que eu sou louco. E, por fim, acham que é impossível produzir 365 conteúdos por ano.

Então, se você também ficou assustado com uma produção diária de conteúdo, já viu que não é uma exceção. Esse é um receio real das pessoas e acontece por dois motivos principais:

1. Insegurança por achar que não tem conteúdo suficiente para escrever.
2. Não saber como escrever seus conteúdos.

Bom, vou deixar claro que conhecimento todos nós temos, mesmo que seja apenas a partir da sua experiência de vida e da sua visão de mundo. Você não precisa ser expert para começar, mas tenha consciência de que a sua experiência vai ser usada para ajudar o próximo. A sensação de não saber escrever vem do fato de não ter uma estratégia para criar a sua trilha de conteúdo a fim de encantar o outro lado. A estratégia tira você de um patamar para elevá-lo com mais segurança aos resultados desejados. Funciona como uma matriz para aumentar a sua chance de sucesso e diminuir os riscos.

Olha só como ter uma estratégia faz toda a diferença. Sergio Lopes[51] já fazia algumas publicações no Linkedin com o objetivo de fortalecer a sua imagem como mentor e palestrante em liderança; porém, sem uma estratégia e um posicionamento claro, o engajamento nesses conteúdos sempre era muito baixo. Ele precisava, urgentemente, de uma estratégia que trabalhasse o potencial das redes sociais, já que vinha de uma trajetória de anos na carreira executiva. Juntos, identificamos o seu perfil e suas competências para a criação de uma estratégia de marketing pessoal na rede. O resultado foi extraordinário! De um número muito baixo de seguidores, ele saltou para 10 mil só com o posicionamento correto e uma presença mais ativa na rede, além de inúmeros convites e o título de Linkedin Top Voice. No momento em que este livro está sendo escrito, ele alcança já os 23 mil seguidores e uma legião de pessoas interessadas em aprender com ele e contratá-lo.

Na estratégia do Sergio, a produção de conteúdo teve um papel fundamental em sua progressão profissional como empreendedor e no autoconhecimento de sua capacidade de transformar ainda mais vidas. É a partir dessa etapa que conseguimos definir o que apresentar ao nosso público, a partir de um levantamento de questões que o interessam, que o afligem, de pensar soluções que podem ser apresentadas e em como oferecê-las, e ainda em gatilhos para atrair a atenção dessas pessoas.

Para ajudar nesse processo, eu criei a sequência PCDOGS, que posteriormente dará origem a uma matriz que o ajudará a atingir em cheio o alvo de quem você quer atrair. Vamos aprender como ela funciona no próximo capítulo.

---

[51] Sergio Lopes em entrevista concedida ao autor.

CAPÍTULO 8: MATRIZ PCDOGS

Berkeley, Califórnia (EUA)

Para entendermos como aplicar a sequência PCDOGS, é preciso analisar o significado de cada uma das iniciais e o que elas abrangem:

Cada quadrante representa um ponto de contato que você tem com o seu público, e, se esse ponto for identificado, possibilita um grande passo comparado aos seus concorrentes. Quando treino equipes pelo Brasil e palestro em centenas de eventos, é incrível como as pessoas não entendem (mas acham que sim) a dor dos seus mercados, as causas e como contornar isso para se tornarem mais requisitados.

Por isso, resolvi criar um método fácil, ágil e *sniper* (certeiro) para ajudá-lo nesse processo de construção da sua imagem por meio da geração de valor que o seu público passará a relacionar com você. Conforme for conhecendo mais o mercado e tendo mais informações sobre o seu público-alvo, você poderá alimentar a Matriz PCDOGS e cada vez será mais fácil planejar novos conteúdos. Explicarei como funciona cada quadrante e, depois, darei um exemplo de como usar a tabela. Inclusive, no QR Code a seguir, você poderá baixar um modelo simples da tabela para começar a preencher após a leitura deste capítulo, visando à sua nova narrativa na produção de conteúdo, para chamar a atenção do seu potencial consumidor.

Lembre-se de que, aqui, consumidor não é necessariamente quem compra um produto ou serviço seu, mas quem lhe abre oportunidades. Ou seja, quem compra a sua imagem no mercado e lhe proporciona algum tipo de ganho.

Vamos lá?

Problema – descobrindo a situação

Problema é qualquer coisa que afete o seu público-alvo e que ele queira melhorar. Desde sentir frio nas madrugadas (algo que pode ser considerado banal para algumas pessoas, mas extremamente relevante para outras camadas da população) até aprender a falar bem em público. Enfim, pode ser qualquer dor, um desafio que afeta as pessoas das quais você pretende se aproximar no ambiente off-line ou on-line. É mexer no vespeiro até ter uma visão completa da situação.

Quando eu entendo o problema do meu público, entendo também se quero levar a minha marca para resolvê-lo ou se caio fora desse jogo. Isso mesmo, você pode escolher se quer pagar o preço para ajudar o seu público-alvo antes de ele pagar o preço (financeiro) a você. Ou seja, é a etapa do "vou com tudo" ou do "caio fora". Aos que querem continuar nessa jornada, há uma busca constante pela comunicação empática com seus potenciais consumidores, sendo o principal objetivo fazer com que eles entendam que você sabe, de fato, qual é o problema deles.

Para isso, um passo muito importante é a investigação. Só assim você consegue descobrir o que o outro quer, e não o que você pretende oferecer ao público. Inverter esse processo é a mesma coisa que chegar a um médico e, antes de dizer o que sente, ele já o medicar. E aí vale desde observar o comportamento do seu público-alvo até conversar com essas pessoas, buscar relatórios e pesquisas, participar de fóruns e grupos nas redes sociais a fim de nutrir sua base de informações para melhor compreensão da situação em que o seu alvo está. E por que não usar até a inteligência artificial para buscar esses dados? O importante é entender o outro.

Quando você reúne os dados de toda essa investigação, estará em posse de um escopo de problemas a ser explorado, e isso é uma riqueza enorme no início de uma estratégia de posicionamento da sua marca para se tornar inesquecível. Faça, então, uma lista com todos os problemas que o seu potencial cliente quer resolver, mas não sabe como.

Causa – descobrindo o porquê

Todo problema tem uma causa ou até mesmo mais que uma, e você precisa identificá-las. Do contrário, só tratará do problema de maneira superficial, e não criará a conexão profundamente adequada com o seu público.

Por exemplo, digamos que o problema do meu público seja não receber convites para eventos, palestras, ou seja, em sua marca pessoal. As causas: ele não consegue se vender da maneira adequada; não está se expondo o suficiente para que as pessoas entendam o seu valor; pode ser que ele não saiba ainda o caminho a seguir e por aí vai. As causas, portanto, entregam a origem do problema – que muitos desconhecem ou no qual não querem mexer, pois gera insegurança ou expõe falhas internas.

Para encontrá-las pergunte sempre o porquê. *Não consigo a vaga de emprego que desejo, por que isso está acontecendo? Não consigo confeitar o bolo com a pasta americana, por que? Não consigo aprender um segundo idioma, por que fico travado nesse aprendizado?*

Coloque-se na pele do seu público-alvo e identifique o que está causando os problemas que você preencheu na primeira coluna. No começo, pode ser que encontre apenas uma causa ou, no máximo, duas para os problemas, mas, à medida que for se especializando dentro das dores do seu mercado, sua matriz começará a ficar mais robusta, com detalhes e um nível de efetividade maior. Geralmente, as pessoas só querem a cura do problema, sem tratar o que causa a dor. Sabendo a origem, você terá a capacidade de preparar o ataque perfeito para exterminá-lo e mostrar domínio do ecossistema de oportunidades e problemas que envolvem o seu cliente. Pense nisso sempre!

Desejo – descobrindo o que o público quer

O desejo mostra o que o seu público deseja conquistar, quais são os anseios dele para assumir o protagonismo da própria vida ou da empresa no mercado e realizar seus sonhos ou bater suas metas. Eu costumo dizer que o desejo só existe porque existem os problemas. Não há como separá-los.

Se problema e desejos estão ligados, para preencher essa coluna, você precisa remeter ao que já escreveu sobre as dores do seu público. Por exemplo, se o meu problema é que eu não recebo convites frequentes de recrutadores (RH e *headhunters*), então o meu desejo é que no meu *inbox* do Linkedin eu tenha dezenas de mensagens me convidando para novas oportunidades de carreira toda semana, por meio do novo impacto que a minha marca pessoal estará causando.

O desejo é algo que eu quero que aconteça após solucionar o problema. É essa expectativa que você precisa acionar no seu público, para fazê-lo perceber que você entende o que ele está passando e poder ajudá-lo a chegar mais rápido aos seus desejos.

Objeções — identificando seus obstáculos

As objeções são todas aquelas desculpas que as pessoas dão para não resolver os seus problemas. Ou, no caso da marca pessoal, são as justificativas do porquê não optam por você na solução dessas dores. Funcionam como paredes que os contratantes vão construindo justamente para não transpor para o outro lado do muro, escalada muitas vezes emocionalmente íngreme e dolorosa. Então, quando uma pessoa tem um problema, é porque existem objeções que a impedem de tomar a atitude para solucioná-lo. Certamente, você já ouviu algumas dessas objeções:

- Não tenho dinheiro;
- Não nasci em berço de ouro;
- Não tenho tempo;

- Acho melhor deixar para o início do próximo ano;
- Está caro demais;
- Não tenho certeza se esse produto é para mim;
- Não tenho interesse.

A lista é imensa, mas as duas primeiras – "não tenho dinheiro" e "não tenho tempo" – com certeza são as que meus mentorados mais escutaram até hoje, antes de inverterem o jogo por meio do uso de gatilhos mentais (dos quais falarei em breve).

Essas objeções, geralmente, são criadas a partir do ambiente em que a pessoa está inserida, sendo que, às vezes, vêm até da infância. Por exemplo, se uma pessoa é estimulada a aprender, a correr atrás do que deseja, ela busca dar um jeito para suprir a falta de tempo ou dinheiro, reavaliando suas prioridades ou criando estratégias que não a façam ficar parada e jogando a culpa nos outros pelo que não alcança.

A ideia de identificar as objeções do seu público-alvo é justamente para quebrá-las. Então, se você descobre que ele não compra um curso por falta de dinheiro, mostre o custo maior que ele terá na vida se não investir em si por meio da sua solução. Portanto, essas objeções precisam ser encaradas mais como oportunidades do que obstáculos para você se conectar com a sua audiência. É a oportunidade para que passem a ver toda a dinâmica do relacionamento com você como um investimento, e não um ônus.

Gatilhos mentais

Os gatilhos mentais são estímulos que fazem o cérebro tomar decisões a partir do subconsciente. Ou seja, a partir desses gatilhos, você toma decisões sem se dar conta de que houve um estímulo anterior que influenciou a sua escolha. A área de marketing usa essa estratégia há muito tempo para persuadir o cliente na compra de um produto ou serviço.

Na sua estratégia de construção de marca, você pode usar esses gatilhos para que o seu público não desista de você e siga o funil até o fim. A ideia é "segurá-lo" no seu perfil, para que ele continue consumindo o seu conteúdo e "comprando" a sua imagem de autoridade moral na sua área de atuação. O gatilho, inclusive, ajuda a quebrar as objeções, de maneira que você passa a ter valor, e não apenas preço para o seu cliente.

Existem diversos gatilhos. Vamos a alguns deles:

- **Gatilho de escassez:** o consumidor fica com a sensação de que vai perder uma grande chance se não aproveitar aquele única oportunidade.
- **Gatilho da urgência:** a criação de pressa e *timing* limitado para a compra. Pode ser oferecendo uma vaga limitada ou uma condição exclusiva para os primeiros compradores, por exemplo. Isso estimula uma decisão rápida, feita urgentemente e por impulso.
- **Gatilho da reciprocidade:** o cliente se sente tão satisfeito com um atendimento ou, no caso da construção de marca, com o conteúdo que você compartilha, frequentemente ajudando-o a resolver os problemas, que sente a "obrigação" de retribuir o que recebeu. É um senso de reciprocidade e apoio mútuo.
- **Gatilho da autoridade:** o seu posicionamento de marca pessoal agrega na percepção positiva que o outro lado tem de você para ajudar no fechamento de um negócio. Esse gatilho costuma dar bastante resultado positivo, porém deve ser usado com responsabilidade. Informações falsas não devem ser usadas para "inchar" a impressão do seu público-alvo. Tenha

sempre em mente que esse tipo de estratégia, quando mal utilizada, põe em risco marca e credibilidade.
- **Gatilho da antecipação:** acionado no pré-lançamento de um produto, por exemplo. Nesse caso, o cliente fica com a sensação de que ele é muito prestigiado, pois conseguirá usufruir de algo antes de qualquer outra pessoa.
- **Gatilho da exclusividade:** lida com a vaidade, pois a partir dele cria-se um sentimento que apenas um grupo seleto e especial tem. Pode ser uma mentoria exclusiva, um conteúdo extra ou até mesmo um curso que só poucos selecionados podem fazer.

Se você quiser entender como funcionam outros gatilhos mentais, vou disponibilizar no QR Code a seguir uma *masterclass* minha que fala do assunto. É uma chance de enriquecer ainda mais o seu conhecimento para usar em seu poder de convencimento e alcançar seu objetivo.

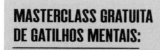

Solução

O que qualquer marca vende no mundo é solução, ou, pelo menos, a promessa dela. Por exemplo: pense em um celular da Apple e um da Motorola. Ambos têm as mesmas funcionalidades básicas (inclusive não sei se você se lembra, mas os aparelhos de ambas as marcas fazem ligação, já que mal usamos essa função hoje em dia).

Mas a promessa de solução que cada um oferece ao seu público é diferente. Um vende o prazer de ter um produto Apple e ostentar a maçã por aí. Já o outro vende a solução de uma dor, ou seja, "preciso de um celular funcional para resolver o básico para o dia a dia, sem necessariamente ser um símbolo de status".

Quer outro exemplo? Ninguém compra um casaco da Balenciaga, que chega a custar 20 mil reais, só porque está com frio. Compra-se pelo prazer de ter a marca em seu guarda-roupa de inverno. Quem só pensa em resolver o problema do frio vai comprar o casaco mais quente da loja popular do saldão on-line ou de uma galeria comercial. Repare que ambos têm um problema: o frio e o vento sentidos em mais intensidade no inverno. Mas a solução de cada um deles é diferente. Um transmite a ideia de ostentação, status e prazer a quem adquire, já o outro resolve o problema e (talvez) nada mais.

A solução é como você vai ajudar a resolver os problemas que foram identificados no primeiro quadrante da matriz, levando em consideração o perfil do seu público-alvo – o exemplo do casaco é a prova de como conhecer essas pessoas é importante –, as causas, os desejos e as objeções.

É aqui que você vai gerar valor de verdade para quem está seguindo o seu perfil. A solução tem que passar a segurança de que as pessoas entenderão o passo a passo que percorrerão e de que você consegue, realmente, solucionar essas dores. Por exemplo, se o problema de uma pessoa é ter uma marca pessoal fraca, então você precisa apresentar para ela uma sequência de ações que mostrem sua capacidade de resolvê-lo – pode ser aumentar o seu conceito de marca, criar uma estratégia e o encorajar para que ele tenha a atitude de começar a trilhar uma nova jornada de sucesso. Isso cria segurança para o outro lado, que percebe que você entende do assunto e é a pessoa mais indicada para ajudar a resolvê-lo, pois domina o caminho muitas vezes tortuoso do êxito.

Mas atenção: a solução não é apresentar o seu produto final, como a sua palestra, a sua mentoria, um curso, um e-book, enfim, seja o que você tenha como produto. Solução é aumentar a consciência do seu público das etapas que o seu método propõe para que, juntos, você e o público alcancem o objetivo definido na resolução do problema. Aqui, podemos usar uma lógica de 3 passos, para que a solução seja vista pelo seu público como uma construção lógica que o leva de onde está até aonde deseja chegar.

Na prática, esse compilado de ideias funcionará da seguinte maneira. Como exemplo, vou usar o meu público-alvo na estrutura da matriz:

PROBLEMA	CAUSA	DESEJOS
• Recebe poucas oportunidades por meio da sua marca pessoal.	• Não se vê como uma marca, pois foi "doutrinado" a pensar que quem escolhia seu futuro seria sempre o empregador. • Sente medo de se posicionar, por medo do julgamento. • Não tem estratégia para se posicionar, mesmo estando consciente de que isso é fundamental para se tornar um campeão na carreira.	• Gostaria de receber oportunidades frequentes na carreira. • Quer ficar mais independente em relação às escolhas que pode fazer na vida profissional.

OBJEÇÕES	GATILHOS	SOLUÇÃO
• Diz que não tem tempo. • Diz que não tem dinheiro. • Acredita que criar uma marca pessoal forte é apenas para quem tem a própria empresa ou vende algo.	• Para romper tempo, noção de finitude e prioridades. • Gatilho de urgência. • Técnica de visualização de que é uma marca e que os ganhos são muito maiores para quem a torna forte e inesquecível.	• Passo 1: aumento da consciência de marca. • Passo 2: criar uma estratégia de marca. • Passo 3: consistência para criar lembrança como alternativa na resolução de um problema.

Esse é só um exemplo simples, mas serve para você ter uma ideia de como deve ser essa construção de matriz. Quanto mais informações colocar na sua tabela, mais informações terá para produzir conteúdo. Passará a entender também a quantidade de oportunidades que já poderiam ter surgido caso você estivesse comunicando em vários pontos de contato os dados que estarão em sua Matriz PCDOGS. Você poderá pegar um ou dois problemas, juntar com a causa, escolher uma objeção, um gatilho mental e, por fim, dar uma das soluções que você colocou na tabela, transformando isso em base para uma série de conteúdos a debater na sua rede social, começando a atrair potenciais interessados com aquela dor a resolver. É como se fosse um jogo de quebra-cabeças. A diferença, porém, é que aqui você movimenta as peças e as encaixa como quiser.

Perceba que, com o uso dessa matriz, você começa a ser um profissional muito mais objetivo. Está agora à procura de solucionar o problema do outro lado, antes de querer empurrar o seu currículo ou solução. Você passou a inverter a ordem do interesse, e seu alvo começará a entender que vale a pena se aproximar de você.

Quanto mais conteúdo criar, mais chances terá de gerar essa aproximação, já que no mundo digital a quantidade vai se transformando em qualidade, de modo a alargar o volume de possibilidades que chegará ao final do seu funil.

Quem mais cresce hoje é quem mais compartilha. Impacto e legado surgem por meio de marcas pessoais extraordinárias. Comece a sua!

PROBLEMA	CAUSA	DESEJOS

OBJEÇÕES	GATILHOS	SOLUÇÃO

CAPÍTULO 9: SUA MARCA, SEU LEGADO

Austin, Texas (EUA)

"Aquilo que alguém transmite a outrem, que uma geração transmite à posteridade",[52] "obra ou conhecimento que se deixa para a posteridade",[53] "língua, costumes e tradições que passam de uma a outra geração".[54] Esses são os significados da palavra legado em diferentes dicionários brasileiros de língua portuguesa. Veja que todos eles remetem a algo que se deixa depois de uma partida. Portanto, é o legado que faz com que você se torne imortal, criando impacto, memória e transformação.

Porém, a maneira como o legado é interpretado é romântica demais para os dias de hoje, dando a entender que todos nós deixaremos um legado. Ora, se somos finitos, temos que usar o hoje, o agora, para construir essa marca na vida das outras pessoas. Ou você acha que vai passar a vida toda sendo o mediano e mesmo assim alguém se lembrará de você hoje e após a sua morte?

---

[52] LEGADO. *In*: FERREIRA, A. **Novo Aurélio século XXI**: o dicionário da língua portuguesa. Rio de Janeiro: Nova Fronteira, 1999, p. 1196.

[53] LEGADO. *In*: AULETE, C. **Dicionário Caldas Aulete da língua portuguesa.** Rio de Janeiro: Lexikon Editora, 2007, p. 617.

[54] LEGADO. *In*: PRADO E SILVA, A. (org). **Dicionário brasileiro da língua portuguesa.** São Paulo: Mirador Internacional, 1977, p. 1032.

> **"DALBOSCO, MAS EU CONSTRUÍ UM GRANDE LEGADO PARA A MINHA FAMÍLIA. DEIXEI CASA PARA MORAR E UMA BOA HERANÇA GUARDADA NO BANCO."**

O que você deixou foi um patrimônio. Os bens materiais, ainda que sejam necessários, só vão servir para serem usufruídos pelos seus filhos e netos. O dinheiro vai garantir aquela viagem de férias para a Disney, para todos se lembrarem com saudade dos dias felizes passados no exterior. Mas e você, qual o valor que, de fato, gerou?

Patrimônio é imensamente diferente de legado. O legado é aquilo que faz com que você permaneça na cabeça das pessoas por dias, meses, anos, décadas. Sendo assim, a marca que deixa para as pessoas, a marca que deixa nas empresas pelas quais passa, a marca que deixa como ser humano enquanto presente neste plano que habitamos tornam-se o seu legado.

Conta-se que um dia, em 1888, um homem bem-sucedido, que havia inventado a dinamite e ganhava muito dinheiro vendendo o artefato, estava lendo o que deveria ser o obituário do seu irmão publicado em um jornal francês. Porém, ele se deparou com um erro grotesco. O editor confundiu os dois irmãos e escreveu o seu obituário. O texto dizia que o homem que ganhou riqueza ajudando pessoas a matarem umas às outras estava morto. Ao ler essa descrição, o homem ficou profundamente perturbado, pois percebeu quão horroroso seria o seu legado se realmente tivesse morrido naquele dia. Foi aí que decidiu deixar quase toda a sua fortuna para financiar um prêmio anual que reconhecesse trabalhos que beneficiassem a humanidade. Era assim que ele queria ser lembrado. Essa é a história de Alfred Nobel, o fundador do prêmio Nobel, atualmente o maior reconhecimento do mundo em diversas áreas do conhecimento.[55]

Nobel conseguiu definir como queria ser lembrado ainda em vida, pois a constatação de que iria morrer e não estava sendo percebido da maneira como queria o fez mudar de atitude. Pensando assim, eu lhe pergunto: você sabe até quando estará por aqui? Então por que esperar mais para criar o seu legado?

O piloto Ayrton Senna morreu prematuramente aos 34 anos, em um acidente automobilístico, na Itália. Era mais uma corrida de Fórmula 1 de domingo, e ninguém imaginou que ele morreria naquele dia. Mas, mesmo com uma morte repentina, prematura e traumática, o piloto deixou um grande legado. Isso só foi possível porque ele se preocupou, o tempo todo, em ser o melhor para si mesmo e para o mundo ao redor, buscando a excelência em tudo o que fazia. Ele serviu como inspiração e se tornou um ídolo para muitas pessoas, um exemplo como atleta que se comprometia com a melhoria constante. Era um modelo por influenciar outras pessoas com suas ideias e opiniões, o que possibilitou que sua marca pessoal se mantivesse viva até os dias de hoje, três décadas após a sua partida.

---

[55] WADE-BENZONI, K. How to Think About Building your Legacy. **Harvard Business Review**, Cambridge, 15 dez. 2016. Disponível em: https://hbr.org/2016/12/how-to-think-about-building-your-legacy. Acesso em: 18 abr. 2024.

BUSCA DA EXCELÊNCIA

Claro que você não precisa ser o Ayrton Senna para deixar um legado, mas acredito que todos devem sempre buscar a sua própria melhor versão no que se propõem a transmitir às outras pessoas. Durante muitos anos, Marcos Pereira esteve à frente de uma bancada, apresentando programas de TV e rádio na região Sul do país. No início, não foi fácil, pois, entre outras condições, tinha uma vergonha que precisou vencer. Ele então pegou essa experiência adquirida e a transformou a fim de ajudar outras pessoas. Ele mesmo conta o resultado: "Eu inspiro as pessoas para que conquistem seus objetivos pessoais e profissionais por meio da comunicação, para que possam evoluir com as técnicas da oratória que eu ensino e também com o treinamento de *media training*,[56] habilidades muito requisitadas na atualidade. Por meio da minha história pessoal, posso impactar as pessoas; afinal, se eu venci o medo, a timidez e a pobreza, elas também podem superar essas e outras dificuldades da vida".[57]

Quando você não busca a sua excelência humana, está negando a própria condição que nos foi dada, seja lá qual for o deus em que você acredita e que possa ter lhe dado essa oportunidade. Por não sermos escravos da própria natureza, como diversos outros animais que são programados a fazer sempre o mesmo, nós, humanos, temos a capacidade de mudar a rota da vida por meio da possibilidade de aumentar nossa consciência e nos identificar, com inteligência, como marca.

---

[56] *Media training* é a preparação para a pessoa dar entrevistas aos veículos de comunicação, como TV, rádio, internet, representando uma empresa ou para se tornar um porta-voz de uma empresa em diferentes ocasiões (N. E.)

[57] Marcos Pereira em entrevista concedida ao autor.

TODOS DEVEM SEMPRE BUSCAR A SUA PRÓPRIA MELHOR VERSÃO.

DO INVISÍVEL AO INESQUECÍVEL
@ricardo.dalbosco

Alfred Binet, psicólogo francês, cravou que "a inteligência individual não tem uma quantidade fixada",[58] o que significa que a inteligência varia ao longo da vida, e sempre temos a capacidade de aprender mais. Portanto, se podemos nos desenvolver cada vez mais, que tal usar esse conhecimento para buscar a nossa melhor versão e também para inspirar outras pessoas a fazer o mesmo?

"MAS, DALBOSCO, SERÁ QUE EU VOU CONSEGUIR INSPIRAR ALGUÉM?"

Sim, você consegue, pois passará a ter poder por meio da sua marca pessoal, e isso o torna persuasivo perante si mesmo e aos olhares externos. Sêneca, filósofo e escritor romano que foi um dos principais representantes do estoicismo (pensamento filosófico que pregava que o universo segue uma ordem natural, racional e lógica, por isso devemos aceitar que muitas coisas estão fora do nosso controle),[59] diz que "o mais poderoso é aquele que tem a si mesmo em seu próprio poder". Todas as vezes que eu escuto essa frase, entendo como a marca pessoal é importante. Quando você constrói uma marca memorável, impactante e marcante, consegue tomar as melhores decisões, pois não fica refém de os outros decidirem o

---

[58] COLLIN, C. *et al.* **O livro da psicologia**. Clara M. Hermeto e Ana Luisa Martins (trad.). São Paulo: Globo, 2012.

[59] REIS, A. Viver e empreender como um estoico. **Época Negócios**, 6 jul. 2021. Disponível em: https://epocanegocios.globo.com/colunas/Filosofiacom/noticia/2021/07/viver-e-empreender-como-um-estoico.html. Acesso em: 18 abr. 2024.

seu futuro, além de passar a ter plena condição de construir o seu legado no agora!

Claudemir Oliveira, presidente no Seeds of Dreams Institute, nos Estados Unidos,[60] já tinha criado a sua marca como líder ao participar da abertura da divisão Parks & Resorts da Disney no Brasil e também como professor na Disney University, em Orlando. Aliás, foi o primeiro brasileiro a lecionar nessa universidade, criando um marco na história da instituição. Porém, o que ele procurava era impactar muito mais pessoas do que a sua atividade laboral lhe proporcionava. A sua marca não poderia ficar restrita ao meio acadêmico ou na empresa em que trabalhava, pois, se continuasse assim, seu legado se resumiria a isso e viraria pó (ou fotos com papel amarelado) em pouco tempo. Foi trabalhando em sua marca pessoal que ele percebeu que seu conhecimento poderia ser usado para ajudar as pessoas. Ele começou criando conteúdo nas redes sociais de maneira cirúrgica para "atacar" as dores das empresas em relação a atendimento e, na pandemia, transformou alguns cursos que já lecionava presencialmente em projetos on-line. A partir daí, a sua rede de influência cresceu exponencialmente. É como se ele plantasse uma semente para germinar na cabeça de cada pessoa que participa das suas aulas ou que o segue, conectadas aos seus ensinamentos. O impacto que começou por ele mesmo, na busca por sua própria superação, reverberou, alcançando mais pessoas.

Imagine quão grandioso você pode ser, causando uma transformação na vida de outra pessoa, fazendo com que o outro lado também encontre a sua melhor versão? Não há complexidade ao começar isso, mas demanda muita atitude. Quando eu, Dalbosco,

---

60 Claudemir Oliveira em entrevista concedida ao autor.

dou uma entrevista em um programa de rádio, participo de um podcast, faço um post no Linkedin com um conteúdo rico ou estou em algum palco palestrando no Brasil, tenho noção da responsabilidade: estou impactando pessoas, mostrando o que elas estão deixando de alcançar na carreira e como isso também afeta outros âmbitos da vida delas. Escrever este livro também é minha maneira de contribuir com o conhecimento do outro para expansão da consciência e, assim, do seu próprio universo de sabedoria.

Que tal então a sua vida ser a sua grande obra? Só você pode determinar o legado que construirá no agora e no depois. Não colocar essa responsabilidade nas mãos de outras pessoas é o primeiro passo de maturidade para uma vida realizadora e inspiradora, primeiro para si e, depois, refletindo nos outros. Se você nasceu com a capacidade de aprender, evoluir e impactar pessoas, isso precisa ser aproveitado como uma missão.

DEIXE DE SER O COADJUVANTE DA SUA CARREIRA E ASSUMA O PROTAGONISMO DE LIDERAR COMO CEO DA PRÓPRIA VIDA.

CAPÍTULO 10: SEJA A SUA VERSÃO INESQUECÍVEL

São Paulo (Brasil)

Carlos Eduardo Boechat começou a gerar valor para a sua audiência, e isso aumentou o seu alcance das redes sociais. Hoje executivo, conselheiro, mentor, palestrante e colunista, impacta as pessoas de tal maneira, que frequentemente o abordam na rua. "As pessoas me param para me parabenizar pelos conteúdos e dizer o quanto impactam as suas carreiras e geram reflexões",[61] conta.

Foi por meio de vídeos publicados nas redes sociais que a psicóloga e especialista em desenvolvimento pessoal, Letícia Rodrigues, conseguiu alcançar os resultados e fortalecer a sua autoridade moral na área. "Pelos vídeos, eu consegui imprimir de fato a minha identidade. O meu conteúdo é reconhecido como autêntico, porque ele fala muito sobre quem eu sou e sobre aquilo em que acredito. Eu procuro trazer informações validadas cientificamente, de acordo com a minha formação, para explicar alguns conceitos e criar uma conexão com as pessoas que me escutam através de um conteúdo próximo",[62] diz. Seu trabalho foi reconhecido pelo Linkedin, tanto que foi uma das cem pessoas escolhidas para o programa de Aceleração de Creators, iniciativa global que visa incentivar e aprimorar

---

[61] Carlos Eduardo Boechat em entrevista concedida ao autor.
[62] Letícia Rodrigues em entrevista concedida ao autor.

o trabalho de produtores de conteúdo por meio das ferramentas disponíveis na plataforma.

Já o Gerson Vargas, dentro da estratégia construída para a sua marca pessoal, viu na área de *supply chain* e operações no Linkedin uma grande oportunidade de fortalecer sua reputação, já que tinha trinta e sete anos de experiência no segmento. Usando uma linguagem acessível e com informações relevantes, o número de seguidores da sua rede cresceu 2,5 vezes, e ele recebeu feedbacks muito positivos de pessoas que nem mesmo conhecia.[63]

E mesmo o Danilo Rodil, que já era uma autoridade na indústria automotiva, área em que atua há anos, ganhou uma projeção que foi além do seu segmento. "As pessoas passaram a me ver como alguém em quem podem confiar. Eu ganhei uma espécie de selo de autenticidade. Além disso, elas passaram a se sentir mais próximas de mim, como se já me conhecessem",[64] conta ele.

Além de serem meus mentorados, sabe o que essas quatro pessoas têm em comum? Todas elas construíram suas marcas pessoais de maneira estratégica e conseguiram mudar as próprias trajetórias. Elas se tornaram autoridades na área em que atuam e souberam aproveitar as oportunidades que surgiram como consequência desse trabalho muito bem desenvolvido. Elas são chamadas para participar de eventos, entrevistas em grandes veículos de comunicação, podcasts, e também se tornaram palestrantes, conselheiros, consultores e mentores. São intraempreendedores e empreendedores cujas marcas pessoais são nutridas pela inovação, atitude e consistência.

---

[63] Gerson Vargas em entrevista concedida ao autor.

[64] Danilo Rodil em entrevista concedida ao autor.

SE QUISER AUMENTAR SEUS NEGÓCIOS E ALAVANCAR SUA CARREIRA COM UM PROCESSO DE MENTORIA EFICIENTE, ACESSE O QR CODE:

https://hotmart.com/pt-br/marketplace/produtos/formacao-como-mentor-
-certificacao-green-belt/L709543250

Além disso, ganharam o poder de ter suas carreiras nas mãos e as direcionar para onde quiserem, dentro ou fora de corporações. Seja trabalhando em um lugar fixo ou em vários lugares do mundo, conquistaram a liberdade de escolha: com quem, onde, como e quando trabalhar. Eu sou um exemplo disso, e anos atrás resolvi ensinar o que eu mesmo vivia, testava, operacionalizava, replanejava, fazia e em que tinha êxito. Além disso, como você viu no início de cada capítulo, enquanto eu escrevia este livro, iniciado meses atrás, percorri vários locais ao redor do mundo. Estive em cidades americanas, estive no Japão e no Chile. Eu não estava de férias, e continuei a exercer as minhas atividades do dia a dia por meio da independência e das escolhas que minha marca pessoal me proporcionou.

A diferença entre mim e quem está sentado em um escritório, em uma rotina estressante, com horário de entrada e saída, recebendo ordens daquele chefe difícil e sem sentir prazer na atividade que exerce é que eu escolhi o que queria para mim, e isso me dá um enorme sentimento de felicidade e satisfação, por assumir o "timão da minha própria embarcação". Agora, por exemplo, volto a São Paulo para participar do lançamento desta obra, e logo depois partirei para uma série de palestras pelas cinco regiões do país. Entendo que conhecimento confinado não é sabedoria, conhecimento precisa ser compartilhado!

A liberdade de estar em diversos lugares diferentes foi uma conquista que consegui com o fortalecimento da minha marca, mas isso superou os limites geográficos: consegui entrar no processo de aumento da consciência de milhares de profissionais para que pudessem assumir a responsabilidade da excelência em serem pessoas cada vez mais inesquecíveis. Agora, já pensou que isso também pode acontecer com você? Já pensou que você pode se tornar uma autoridade na sua área, conquistando respeito, admiração e fortalecendo sua reputação para ganhos muito maiores em sua vida?

Diga-me quantas vezes já pensou em iniciar uma nova trajetória, mas sempre esbarrava em um problema ou justificativa. Uma hora era a situação financeira, outra hora era a necessidade de manter um status de cargo/crachá na sociedade em que se inseriu, meio que por inércia (afinal, você tinha que fazer parte da galera do clube do condomínio), ou então era uma crença limitante que o aprisionava, ao estilo do mito da caverna de Platão,[65] e até mesmo o medo de arriscar que surgia quando você pensava em mudar, mas se enchia de receio do julgamento alheio.

Ao longo da leitura deste livro, eu mostrei como você pode mudar a sua realidade, sendo nada além de você mesmo, já que **A ÚNICA FORMA DE SER ÚNICO E ESTAR NO PRIMEIRO LUGAR DO PÓDIO POR MUITO TEMPO É SENDO DIFERENTE.** E sabe por quê? Pois o outro lado perde a base de comparação, sendo você a escolha mais incomparável em potencial.

---

[65] Na história do mito da caverna, homens estão presos em uma caverna escura e acreditam ver formas humanas dentro do local. Na verdade, são suas próprias sombras projetadas a partir de uma fogueira logo atrás deles. Dessa maneira, Platão compara a vida na caverna à falta de consciência sobre a verdade. (N. E.)

Daqui para a frente, você precisa acertar na estratégia para que as pessoas conheçam o seu potencial e o considerem uma autoridade, assim como aconteceu com os quatro mentorados que mencionei no início deste capítulo e com tantos outros que eu já tive a oportunidade de ajudar. Essa determinação de ações pode estar bem alinhada ao seu objetivo, se o próprio método indicado neste livro for seguido com disciplina. A Matriz PCDOGS lhe dará clareza e consciência das dores, das causas, dos desejos e das objeções do seu público-alvo, além de o ajudar a estruturar gatilhos mentais e soluções, para que você seja considerado parte fundamental da resolução do desafio que o outro lado está enfrentando.

Quando eu me propus a escrever esta obra, tinha como propósito ajudar as pessoas a gerar valor, para que mudassem a própria vida e escrevessem uma história capaz de marcar o agora e o futuro. Eu entendo o potencial que uma missão tem de fazer a minha mensagem ser o **PONTO DE NÃO RETORNO DA VIDA**, uma que os leitores podem ter a partir de agora para melhorias profundas, mexendo no que realmente importa: você! Ou seja, eu me esforço muitíssimo para que a minha missão seja o início da transformação interna de cada um de vocês, e eu seja o mensageiro dessa virada, para juntos chegarmos ao seu pódio de destaque. O meu profissionalismo no palco, nas mentorias e nos livros está na dedicação e no compromisso de gerar reflexões para mudanças profundas no público, de modo que espero que você tenha refletido até aqui, ressignificando o passado que não dá mais para mudar e reprogramando um futuro brilhante que vai conquistar!

Portanto, você chegou aqui muito mais preparado do que quando leu a introdução deste livro. Você passou por uma jornada que o permitiu descobrir a sua versão incrível, e está pronto para mostrá-la ao mundo. Você tem todas as condições de criar uma marca pessoal extraordinária, que será o instrumento para você revelar o seu superpotencial humano e se destacar profissionalmente para uma vida repleta de realizações, geração de valor e felicidade!

Pode ser que dê medo, e eu não vou mentir para você. Mas esse é o pedágio pago por quem resolve ser protagonista da própria vida. Você será visto por mais pessoas e gerará valor, resultando em uma maior carga de responsabilidade, pois será a inspiração da sua família, dos seus amigos e de uma multidão que passará a admirar o seu trabalho e que antes não o conhecia.

Você agora tem consciência do caminho que deve trilhar e autoconhecimento para aproveitar as suas habilidades em prol de si e dos outros. Eu acredito que você pode mais e que tem capacidade de direcionar a sua jornada pessoal e profissional para mudar a sua vida e a de sua família para muito melhor.

Confie em si mesmo e no método que ensinei. Assim como considero minha missão fazer com que as pessoas não retornem ao ponto anterior, considero que também é meu trabalho disseminar o conhecimento que tenho, seja aqui, neste livro, ou em outros pontos de contatos que tenho com meus seguidores. Todas as vezes que procurei me cercar dos melhores (em diversos aspectos) para crescer na minha carreira, consegui resultados extraordinários, e é isso que desejo que você faça a partir de agora com tudo o que aprendeu. **Você tem em suas mãos a chance de mudar a sua trajetória agora, assumindo a autoria do seu futuro.**

Falando no agora, existe, inclusive, uma expressão do latim chamada *memento mori*. Ela significa "lembra-te de que morrerás". Segundo a professora de filosofia Lúcia Helena

Galvão,[66] era comum encontrar essa expressão grafada nas paredes das casas, nos comércios e em todos os lugares onde as pessoas passavam na Antiguidade Clássica. A intenção não era assustar as pessoas, fazendo-as lembrar que a morte poderia surgir a qualquer momento, mas, sim, lembrá-las da vida. Lembrar-se da morte dá ao ser humano uma possibilidade de olhar para a vida de uma maneira completamente diferente.

E por que eu estou falando sobre isso no encerramento deste livro? Porque o *memento mori* nos ensina que é preciso modificar o olhar para a vida, a fim de ser fiel aos nossos desejos e buscar nossos objetivos mais importantes no agora. Portanto, aproveite esta vida que lhe foi dada para fazer a diferença para você e para os outros, podendo, assim, ser lembrado na eternidade pela marca que você conquistou neste mundo.

Não deixe para amanhã a oportunidade de se tornar inesquecível. Você só precisa ter a atitude de iniciar. É hora de partir deste porto que achava seguro para mares e terras melhores, e o aprendizado aqui adquirido será o farol nesta costa, guiando-o para seguir mais confiante nesta jornada espetacular chamada vida. Avante!

---

[66] VIDA e morte, sob o olhar da filosofia (2010, remaster 2022) Lúcia Helena Galvão da Nova Acrópole. 2023. Vdeo (1h05min). Publicado pelo canal Nova Acrópole. Disponível em: https://youtu.be/8QtWMm0p_d4. Acesso em: 18 abr. 2024.

NÃO DEIXE PARA AMANHÃ A OPORTUNIDADE DE SE TORNAR INESQUECÍVEL.

DO INVISÍVEL AO INESQUECÍVEL
@ricardo.dalbosco

CONTEÚDOS EXTRAS SOBRE O AUTOR E SEU TRABALHO:

SITE
https://ricardodalbosco.com/

LINKEDIN
https://www.linkedin.com/in/ricardo-dalbosco-marketing-personal-branding-marca-pessoal-conselheiro-palestrante/

INSTAGRAM
https://www.instagram.com/ricardo.dalbosco/

YOUTUBE
https://www.youtube.com/c/RicardoDalbosco-marcapessoal

Este livro foi impresso pela gráfica Assahi em papel lux cream 70 g/m² em junho de 2024.